ENGLISCH

5.-10. Klasse

English Tenses

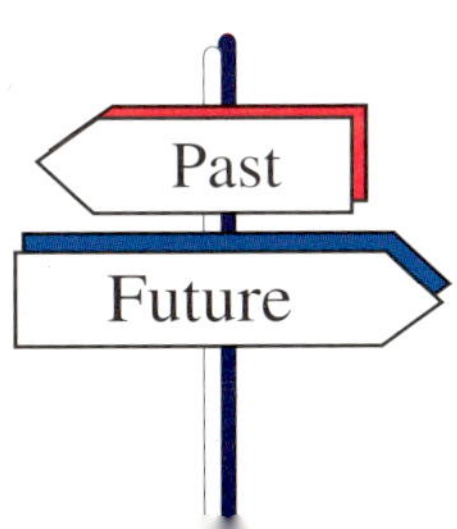

ENGLISCH

5.-10. Klasse

Hiltrud Schomaekers
Achim Groß

English Tenses

Die Zeiten

FALKEN

INHALT

Lufthansa

EIN BUCH FÜR ALLE ZEITEN

Die Einleitung

Hallo, hier ist MacCool! Auf deinem bevorstehenden Ausflug durch die englischen Zeiten, die **„English Tenses"**, werde ich dein Begleiter sein. Ich bin sicher, daß wir eine Menge Freude vor uns haben, zum Beispiel mit lustigen Rätseln oder mit Übungen, in denen du etwa in die Rolle eines Detektivs schlüpfen und einen Täter finden mußt. Natürlich werden wir beide auch Momente erleben, wo wir einfach müde sind. Dann werden wir gemeinsam ein Päuschen machen – und anschließend geht's weiter mit der **„Weltsprache" Englisch.**

Hast du schon gewußt, daß die englische Sprache **auf allen fünf Kontinenten** zu Hause ist? Oder daß sie Muttersprache von ungefähr 400 Millionen Menschen ist? Sie wird nämlich nicht nur in England und Irland gesprochen, sondern auch in den USA, in Kanada, Australien und Neuseeland. Und in Staaten wie Indien, Kenia oder Südafrika bietet Englisch als Zweitsprache oft die einzige Möglichkeit, sich über Grenzen hinweg zu verständigen.

In sehr vielen Lebensbereichen wie **Wirtschaft, Technik, Sport, Musik, Luft- und Schiffahrt** gilt Englisch längst als Weltsprache Nummer eins. Daher wird sie von so vielen Millionen Menschen als Fremdsprache gelernt und gesprochen. So unwahrscheinlich es klingen mag: 60 Prozent aller Telefonate der Welt werden in Englisch geführt, bei den Briefen sind es sogar 75 Prozent, die in dieser Sprache verfaßt werden.

Die Beherrschung der englischen Sprache ist daher für uns alle wichtig, auch für dich. Und nicht nur im beruflichen Bereich. Sicherlich möchtest du nicht zuletzt die **Texte der Popmusik** besser verstehen, die selbst von deutschen Gruppen häufig in Englisch gesungen werden. Und wenn du ins Ausland reist, egal wohin, kannst du dich mit Englisch immer verständlich machen – auch wenn du die eigentliche Landessprache nicht verstehst.

Die Popmusik ist ohne englische Texte nicht denkbar.

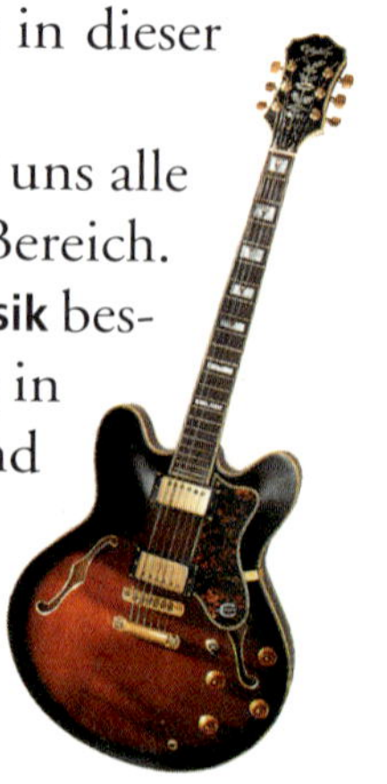

Du lernst die Kultur des jeweiligen Landes besser kennen, du kannst dich mit den Menschen dort unterhalten und sie eher verstehen, du kannst Kontakte knüpfen und Freundschaften schließen. So besteht die Hoffnung, daß mit Hilfe der englischen Sprache die Völker der Erde näher zusammenrücken und keine „Sprachlosigkeit" mehr herrscht.

Mit Englisch kannst du leicht Freunde aus allen Ländern kennenlernen.

Das vorliegende Buch **„English Tenses"** soll helfen, dir die **englischen Zeiten** näherzubringen und deine Kenntnisse zu festigen. Auf diese Weise wirst du dich sicher fühlen, wenn du in der Schule Englisch hast oder wenn du mit englisch sprechenden Freunden und Freundinnen zusammentriffst.

Wer das Buch benutzen sollte …
… alle Schüler und Schülerinnen der Klassen 5 bis 10, aber auch diejenigen der Oberstufe, die Schwierigkeiten mit den englischen Zeiten, den **„English Tenses"**, haben.
Mit Hilfe dieses Buches könnt ihr selbständig Unsicherheiten in der Anwendung beheben, besser noch, ihr braucht Unklarheiten gar nicht erst aufkommen zu lassen.

Was du in diesem Buch findest …
… eine Kombination von Grammatikregeln aller Zeiten und entsprechenden Übungen auf überschaubaren, klar strukturierten Doppelseiten.

Die Regeln und Übungen findest du auf übersichtlich gestalteten Doppelseiten.

Jedes Kapitel ist nach dem gleichen Schema aufgebaut. Als erstes werden dir in leichtverständlichem Deutsch die **Regeln** erklärt. Auf der Randspalte findest du diese Regeln noch einmal kurz zusammengefaßt, damit du dir sie besser einprägen kannst. Es werden stets Vergleiche zur deutschen Zeitenfolge gezogen; ebenso wird auf Unterschiede aufmerksam gemacht.
Im Anschluß daran findest du passende **Übungen** zu den Regeln. Durch die Anordnung der wichtigsten Grundlagen auf einer Doppelseite jeweils kannst du alles Wesentliche zu einer Lerneinheit auf einen Blick erfassen.
Die **Übungen** auf den folgenden Seiten sind in „A" (leicht) und „B" (schwieriger) unterteilt und vielseitig und abwechslungsreich gestaltet. Sie reichen von Einsetzübungen über Rätsel und Dialoge bis hin

Zwischentests und Abschlußtests zeigen dir, wo du stehst.

zu Aufsätzen und Tests. Auf diese Weise wirst du im Gebrauch der Zeiten immer sicherer. Der **Wortschatz** paßt sich dem Schulenglisch an, so daß du die Vokabeln nicht dauernd nachschlagen mußt und dich völlig auf die Übungen konzentrieren kannst. Mit Hilfe von **Zwischentests** und **Abschlußtests** kannst du selbständig überprüfen, ob du den erarbeiteten Stoff verstanden hast.

Die wesentlichen Elemente einer Doppelseite

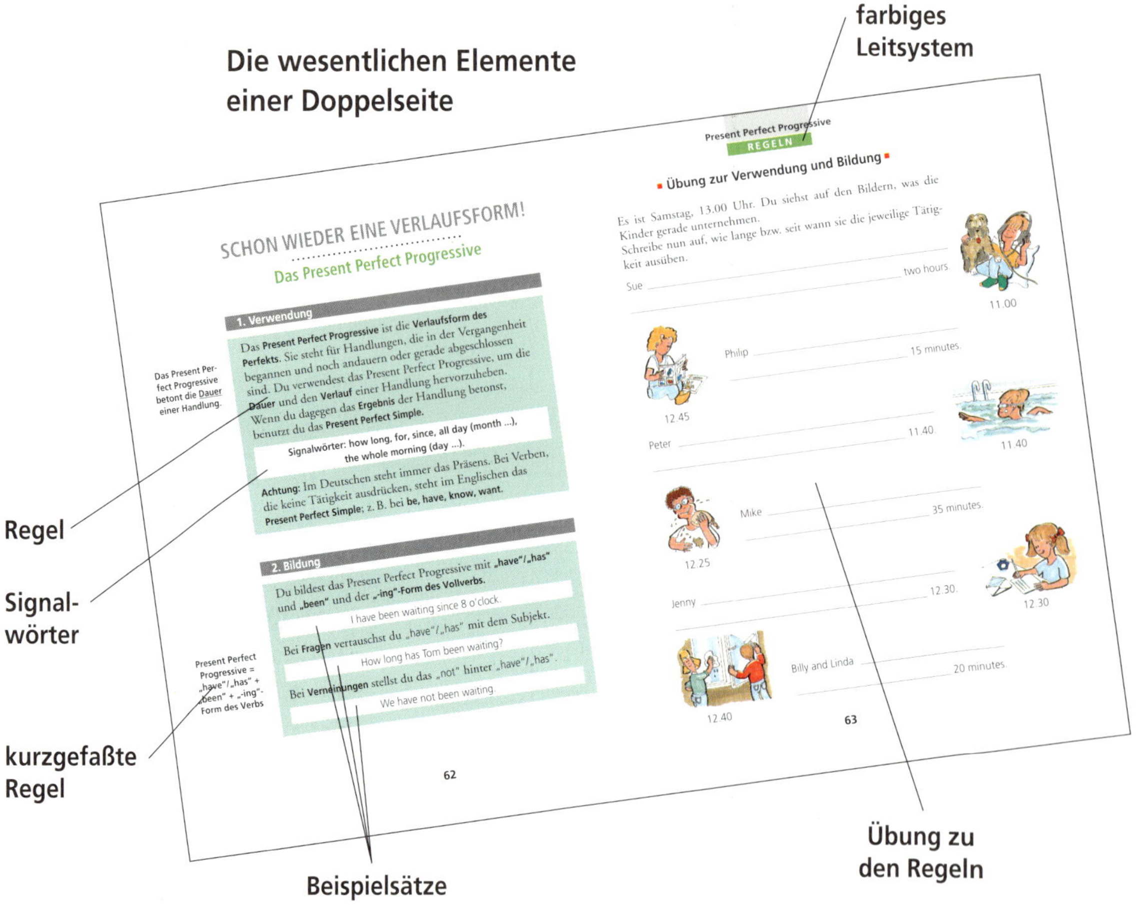

Was du mit dem Buch erreichen kannst …

… Die meisten Fehler bei Klassenarbeiten entstehen durch den falschen Gebrauch der Zeiten. Das ist verständlich, weil die englischen Zeiten zum Teil anders gebildet und anders verwendet werden als die entsprechenden deutschen, und es gibt sogar Zeitformen, die im Deutschen gar nicht vorkommen.

Wenn du einzelne Kapitel bzw. das gesamte Buch durchgearbeitet hast, wirst du den Gebrauch der Zeiten besser verstehen und zugleich sicher beherrschen. Dies wiederum bildet die solide Grundlage für gutes Englisch.

Wie du mit dem Buch arbeitest ...

1. Wähle das Kapitel aus, das dir besondere Schwierigkeiten bereitet. Du findest es schnell, da im Inhaltsverzeichnis jedem einzelnen Kapitel eine Farbe zugeordnet ist. Im Leitsystem auf jeder Doppelseite rechts oben taucht diese Farbe wieder auf, zusammen mit dem dazugehörigen Kapitel.
2. Arbeite zunächst den Regelteil intensiv durch. Nimm dir genügend Zeit dafür.
3. Löse nun die Übungen auf der jeweils gleichen Doppelseite. Sie beziehen sich stets unmittelbar auf die entsprechenden Regeln.
4. Die Übungen auf den folgenden Seiten sind unterschiedlich schwer. Alle Formen und Verwendungen werden durcheinander abgefragt. Löse die Aufgaben immer schriftlich, teils im Buch, teils im Heft.
5. Schlage anschließend (nicht vorher) im Lösungsteil nach, und überprüfe, ob du die Aufgaben richtig gelöst hast. Markiere etwaige Fehler, und arbeite eventuell das Kapitel noch einmal durch.

Arbeite **langsam**, aber **regelmäßig** mit dem Buch. Das ist vorteilhafter, als wenn du zum Beispiel vor Klassenarbeiten in Eile ein ganzes Kapitel auf einmal durchnimmst. Du wirst sehen, die Mühe lohnt sich! Und nun viel Glück und Erfolg beim Arbeiten mit den **„English Tenses"**.

MacCool

DER BEGINN UNSERER ZEITREISE

Das Simple Present

1. Verwendung

Das Simple Present steht nach: always, sometimes, never, often, usually, every.

Das **Simple Present** steht im Englischen für die **einfache Gegenwart.** Du benutzt das Simple Present, um eine Handlung auszudrücken, die in der Gegenwart geschieht und regelmäßig ist.

Signalwörter: always, sometimes, never, often, usually, every.

2. Bildung

Das Simple Present ist der Infinitiv oder die erste Form des Verbs. Es wird folgendermaßen gebildet:

I	**like**	ich mag
you	**like**	du magst
he/she/it	**likes!**	er/sie/es mag
we	**like**	wir mögen
you	**like**	ihr mögt
they	**like**	sie mögen

Bei he/she/it das „s" läuft mit.

Wichtig: Bei **he/she/it** mußt du ein **„s"** anhängen.

Jetzt wollen wir sehen, wie das Simple Present des Hilfsverbs **„be"** („sein") gebildet wird:

I	**am**	ich bin
you	**are**	du bist
he/she/it	**is**	er/sie/es ist
we	**are**	wir sind
you	**are**	ihr seid
they	**are**	sie sind

3. Rechtschreibung

Leider kannst du bei **he/she/it** nicht immer einfach nur ein **„s"** anhängen, sondern mußt einige Regeln beachten:
Bei allen **Zischlauten (sh, ch, z)** mußt du ein **„es"** anhängen.

I teach, *aber* he teach**es.**

Ist der letzte Buchstabe ein **„y"**, wird daraus **„ies"**, wenn nicht **a, e, i, o, u** vorausgeht.

He tr**ies,** *aber* he bu**ys.**

Achtung: Es gibt Sonderformen, die man lernen muß!

Paul **goes.** He **does.**

Bei allen Zischlauten steht bei he/she/it „es".

Vorsicht: Sonderformen!

▪ Übung zur Verwendung, Bildung ▪ und Rechtschreibung

1. Peter _______ to school every morning. **2.** Tom and Sandra never _______ their homework together. **3.** Your sister _______ ice-cream. **4.** I usually _______ at 8 o'clock in the morning. **5.** They all _______ to win the bicycle race every summer. **6.** Susan sometimes _______ her brother English. **7.** Peter's mother always _______ a book in the evening. **8.** They often _______ with their Game Boys.

Setze die Verben in der richtigen Reihenfolge und Form in die Lücken ein.

4. Fragen

Fragen bildest du immer mit einem Hilfsverb.

Fragen bildest du **immer** mit einem **Hilfsverb** (z. B.: **can, must, be**).

Tom must go to school.
Must Tom go to school?

Ist kein Hilfsverb im Satz, mußt du **„do"** oder bei he/she/it **„does"** benutzen. Gebrauchst du „do" oder „does", steht das Verb **immer** im **Infinitiv.**

I go to school at 7.
Do you go to school at 7?

Bei „who" kein „do".

Fragen mit einem Fragepronomen werden nach derselben Regel gebildet.
Ausnahme: Bei Fragen nach dem Subjekt („who") brauchst du kein Hilfsverb.

Tina wakes up at 7.15.
When does Tina wake up?
Who wakes up at 7.15?

5. Verneinungen

Verneinung = Hilfsverb + „not"

Wie in der Fragebildung verneinst du einen Satz mit einem **Hilfsverb** und **„not"**.
Ist kein Hilfsverb im Satz, nimmst du **„do not"** oder bei he/she/it **„does not"**.

I can speak English.
My brother cannot speak English.
Mother cleans the windows.
Father does not clean the windows.

Kurzformen: „don't"/„doesn't"

Die **Kurzformen** lauten z. B.: **I'm not, you're not, he isn't, she can't, he mustn't, I don't, he doesn't.**
Achtung: must = müssen must not = nicht dürfen

Übung zur Fragebildung

Lies dir erst einmal jeden einzelnen Satz in Ruhe durch. Frage dann nach den hervorgehobenen Satzteilen. Zweimal mußt du zum gesamten Satz eine Frage bilden. Bei den letzten Sätzen mußt du außerdem die Fragewörter selber finden.

1. Tom goes to school **at 9 o'clock**. **2. Mr Smith** is the trainer of my football team. **3.** Sandra comes from **Liverpool**. **4. Paul and Peter often win bicycle races**. **5. Tom** saves **5 DM** every week. **6.** I buy **a new game** for my Game Boy at the **toy shop**. **7. Every afternoon** Christina must do **her homework**. **8. Peter** washes the car every Saturday. **9. Richard lives in a beautiful house**. **10.** Tanya is **9 years old**.

1. When … ? **2.** Who … ? **3.** Where … ? **4.** … ? **5.** Who … ?

How much … ? **6.** What … ? Where … ? **7.** … ? **8.** … ? **9.** … ? **10.** … ?

Übung zur Verneinung

Verneine die nachfolgenden Sätze.
Beispiel: I go to school at 7 o'clock.
No, I don't go to school at 7 o'clock.

1. My father works in an office. No, my father …
2. You are 5 years old. No, I …
3. The Queen lives in Australia. No, the Queen …
4. Sandra's mother buys a new car every year. No, Sandra's mother …
5. You like English very much. No, I …
6. You can go to school in your summer holidays. No, I …

Mister Z

B Mister Z hat in dieser Übung alle Buchstaben der Verben verdreht. Weißt du, wie die Verben richtig heißen? Aber paß auf. Mister Z hat ein Nomen unter den Verben versteckt.

IETRS	______________	EHVA	______________
ACTHE	______________	KTHNI	______________
KILE	______________	MEVRONEB	______________
RIWTE	______________	SYALP	______________

Ein Interview

B Mr Brown, ein Lehrer aus York, ist zu Besuch in Deutschland. Deine Mutter, die kein Englisch spricht, stellt Fragen, die du übersetzen sollst.

1. Mutter: „Was sind Sie von Beruf, Mr Brown?"

You: ____?"

Mr Brown: "I work as a teacher in York."

You: ____

2. Mutter: „Was unterrichten Sie?"

You: ____?"

Mr Brown: "I teach English and History."

You: ____

3. Mutter: „Essen Lehrer und Schüler zu Mittag in der Schule?"

You: ____?"

Mr Brown: "Oh yes, the teachers and pupils have lunch at school, but I don't."

You: ______________________________

4. Mutter: „Was machen Sie in Ihrer Freizeit?"

You: ______________________________?"

Mr Brown: "I like reading books."

You: ______________________________

5. Mutter: „Arbeitet Ihre Frau auch?"

You: ______________________________?"

Mr Brown: "No, my wife doesn't work."

You: ______________________________

6. Mutter: „Wie gefällt Ihnen Deutschland?"

You: ______________________________?"

Mr Brown: "I like Germany very much."

You: ______________________________

York: Schatzhaus aus dem 17. Jahrhundert

▪ Der Fragebogen ▪

A Nun sollst du dir selber einen Fragebogen erstellen. Versuche, Fragen zu bilden. Kreuze anschließend deine Antworten an.

	YES	NO
1. school / like / you?	☐	☐
______________________________		
2. clean / your bike / every Saturday / you?	☐	☐
______________________________		
3. like / this book / you?	☐	☐
______________________________		
4. read / comics / you?	☐	☐
______________________________		
5. you / have got / a computer?	☐	☐
______________________________		
6. have / you / a favourite game?	☐	☐
______________________________		
7. help / you / at home?	☐	☐
______________________________		
8. you / go / to school / by bus?	☐	☐
______________________________		
9. you / help / your mother / your homework / with?	☐	☐
______________________________		
10. on Saturdays / you / wake up / late?	☐	☐
______________________________		

▪ Die Bildergeschichte ▪

Erzähle, was Peter **jeden Tag** macht. Die kleine Bildergeschichte hilft dir dabei. **A**

Peter / at 7 / get up.

Mother / breakfast / make.

Peter / by bike / to school / go.

In the afternoon / play / he / with his friends.

TV in the evening / he / watch.

At 9 / go / he / to bed.

▪ Ein Brief ▪

Du schreibst einen Brief an deinen Brieffreund oder deine Brieffreundin in England. Du erzählst ihm oder ihr deinen Tagesablauf. Überlege dabei: Wann stehst du morgens auf, wann frühstückst du, was frühstückst du, was lernst du in der Schule, wie lange bleibst du in der Schule ...? **B**

Dear...

Test

Hier findest du eine Landkarte von Europa:

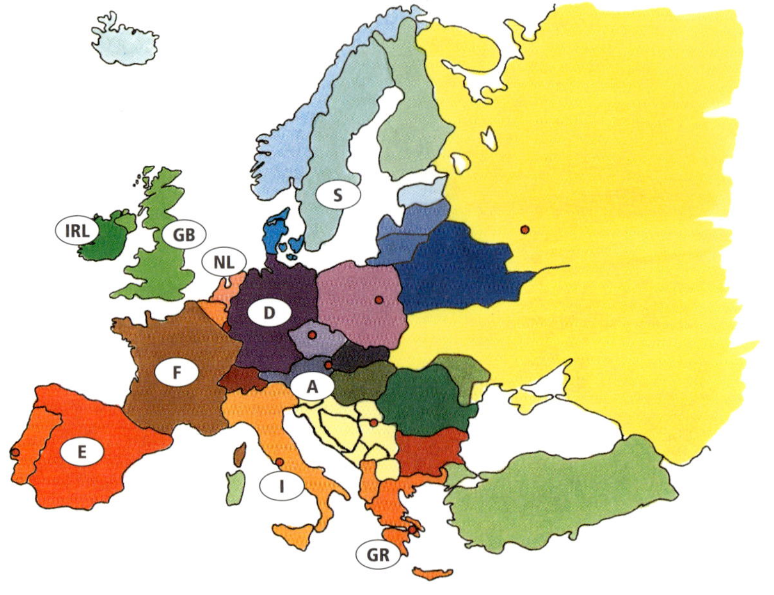

Und hier folgt eine Liste der oben eingetragenen Länder und der dazugehörigen Sprachen:

GB	English
S	Swedish
E	Spanish
F	French
I	Italian
IRL	Irish
D	German
GR	Greek
A	German
NL	Dutch

1. Großbritannien = Great Britain
2. Schweden = Sweden
3. Spanien = Spain
4. Frankreich = France
5. Italien = Italy
6. Irland = Ireland
7. Deutschland = Germany
8. Griechenland = Greece
9. Österreich = Austria
10. Die Niederlande = The Netherlands

Nun wollen wir sehen, ob du dieses Kapitel abschließen kannst. Oben siehst du eine Karte von Europa mit den wichtigsten Ländern. Darunter findest du die englische Bezeichnung der Länder und der jeweiligen Sprache. Aus den einzelnen Sprachen stammen die folgenden Fremdwörter, die du zuordnen sollst.

Good luck!

Beispiel: Does the word **Torero** come from Dutch?
No, it doesn't. It comes from Spanish.

1. Does the word **Jeans** come from French?

____

____ 2

2. Does the word **Café** come from Italian?

____

____ 2

3. ______________ **Computer** ______________ Spanish?

No, it doesn't. It comes from English. 4

4. Do the words **Souvenir** and **Saison** come from Swedish?

____

____ 4

5. Does the word **Foul** come from English?

____

____ 2

6. ______________ **Paella** ______________ from French?

No, it doesn't. It comes from ______________ 2

7. Do the words **Theater** and **Chemie** come from Irish?

____

____ 4

Hast du weniger als 10 Punkte erreicht, solltest du zum Anfang dieses Kapitels zurückgehen und es Schritt für Schritt wiederholen. **20** **Summe**

DIE GEGENWART HAT VIELE GESICHTER

Das Present Progressive (Continuous)

1. Verwendung

Steht „now" und „look" an einem Platz, muß Present Progressive in den Satz.

Das **Present Progressive** steht im Englischen für die **Verlaufsform in der Gegenwart.** Du benutzt das Present Progressive, um eine Handlung auszudrücken, die im Augenblick des Sprechens noch **nicht abgeschlossen**, sondern im Verlauf *(in progress)* ist.

Signalwörter: Look, now (right now), at the moment ...

Das Present Progressive kann ebenfalls Handlungen ausdrücken, die in der **Zukunft** liegen (Plan / Vereinbarung). Du erkennst dies an einer Zeitangabe oder am Sinn des Satzes. Das Present Progressive steht häufig mit **Tätigkeitsverben.**

Verben der sinnlichen Wahrnehmung nur in der „simple form"!

Achtung: hear, see, smell, taste, be, have, feel, believe, like, want, know, belong to werden **nur** in der *simple form* verwendet.

2. Bildung

Du bildest das Present Progressive mit „be" + „-ing".

Du bildest das Present Progressive mit **„be"** und **„-ing"**. Das **„-ing"** hängst du an den Infinitiv des Verbs.

		Kurzformen:
I	am go**ing**	I'm going
you	are go**ing**	you're going
he/she/it	is go**ing**	he's/she's/it's going
we	are go**ing**	we're going
you	are go**ing**	you're going
they	are go**ing**	they're going

3. Rechtschreibung

Leider kannst du nicht immer einfach das **„-ing"** an den Infinitiv anhängen, sondern mußt Besonderheiten der Schreibweise beachten:

Das stumme **„-e"** des Infinitivs **fällt weg.**

I come, *aber* I am co**ming.**

Stummes „-e" entfällt.

„-ie" am Ende wird **zu „-y".**

You lie, *aber* you are l**y**ing.

„-ie" wird zu „-y".

Ein **Konsonant** nach einem kurzen Vokal wird **verdoppelt.**

He runs, *aber* he is ru**nn**ing.

Konsonant wird nach kurzem Vokal verdoppelt.

Übung zur Verwendung, Bildung und Rechtschreibung

Beschreibe, was die Maus auf den Bildern **gerade** macht.

The mouse …

In einer Frage tauschen „am“, „are“, „is“ und das Subjekt den Platz.

4. Fragen

Die Fragebildung ist im Present Progressive viel einfacher als im Simple Present, da ja schon ein Hilfsverb vorhanden ist (am, are, is).
Du **vertauschst** einfach das **Hilfsverb** und das **Subjekt** eines Satzes, um eine Frage zu bilden.

	Fragewort	*Subjekt*	*Hilfsverb*	*Verb*	*Ort*
+		Peter	is	going	to school.
?		Is	Peter	going	to school?
?	Where	is	Peter	going?	

Verneine einen Satz mit „am not“, „are not“ und „is not“.

5. Verneinungen

Auch das Verneinen eines Satzes ist im Present Progressive sehr einfach.
Du **hängst** an das Hilfsverb (am, are, is) ein **„not“** an.

	Subjekt	*Hilfsverb*	*„not“*	*Verb*	*Objekt*
+	Susan	is		helping	her mother.
–	Susan	is	not	helping	her mother.

Kurzformen: I'm not, you aren't, he / she / it isn't, we aren't, you aren't, they aren't.

Achtung: Im Englischen findest du häufig Kurzformen.
Statt **I am not** steht: **I'm not**
Statt **you are not** steht: **you aren't**
Statt **he / she / it is not** steht: **he / she / it isn't**
Statt **we are not** steht: **we aren't**
Statt **you are not** steht: **you aren't**
Statt **they are not** steht: **they aren't**

Übung zur Fragebildung

Auf den Bildern siehst du Personen, die gerade etwas machen. Frage sie, was sie gerade tun, und gib die Antwort.

Beispiel:
"Mother, what are you doing?"
Mother: "I'm cleaning the windows."

"Tim, ... "

"Peter, ... "

"Grandpa, ... "

Übung zur Verneinung

Forme nun die folgenden Sätze in verneinte Sätze um:

1. I'm playing with my Game Boy at the moment.
2. We're playing football now.
3. Mother is cooking lunch today.
4. Father and Tom are washing the car.
5. Look, Peter is doing his homework.
6. My parents are watching TV at the moment.
7. The cat is eating a mouse.
8. I'm cleaning my bike.
9. The girls are singing a song.
10. Sandra is drinking a glass of milk.

Übungen

Die Buchstabensuche

A Im folgenden findest du Verben im Present Progressive, denen ein Buchstabe fehlt. Suche die fehlenden Buchstaben, und setze sie ein. Du findest sie auf dieser Seite verteilt.

refer__ing	win__ing	sit__ing	stir__ing
forget__ing	put__ing	run__ing	shut__ing
cancel__ing	cut__ing	get__ing	travel__ing

r n l t t t r l n t t t

Die Verbmaschine

A Diese Verbmaschine verwandelt die Verben von der Simple Form in die Progressive Form. Achte auf die Personen.

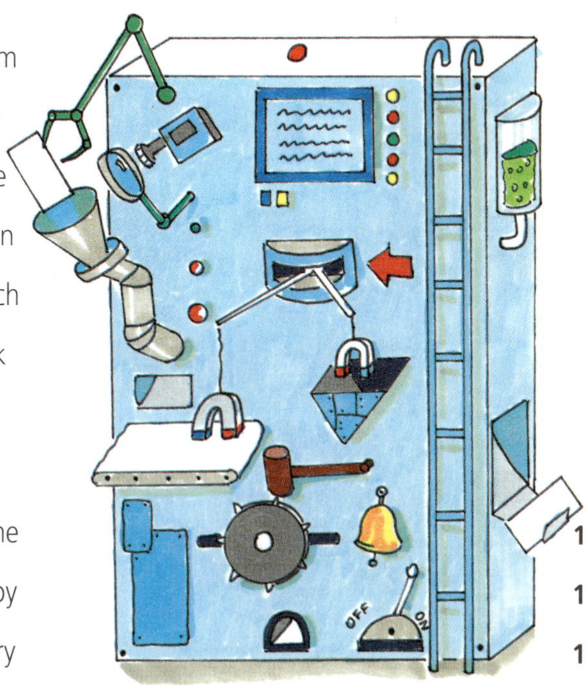

1. I try	1. he is trying
2. I swim	2. they …
3. I buy	3. you …
4. I take	4. we …
5. I learn	5. she …
6. I teach	6. you …
7. I look	7. they …
8. I cry	8. he …
9. I lie	9. she …
10. I come	10. it …
11. I enjoy	11. we …
12. I hurry	12. he …

Eine langweilige Hausaufgabe?

In der nächsten Übung sollst du nach den hervorgehobenen Satzteilen fragen. Aber gib acht: Manchmal muß eine Entscheidungsfrage gebildet werden. **B**

Boring Homework

Peter and his friend David are in Peter's room. They're just doing their **English homework.** They do their homework together every afternoon. Suddenly **Peter** hears a **noise**. He jumps up and sees his mother **at the front door. She** is carrying **big shopping bags**. "What are you doing there?" David asks. "I can see my mother out there. **She's coming from the shopping centre**," Peter answers and **runs out of his room**. "If we finish our homework, we can watch TV later," David shouts. But Peter doesn't hear David. He hopes his mother has got something to play for him.

He takes **the shopping bags** and carries them **into the kitchen**. But there isn't anything for him in the shopping bags, only food.

An hour later David is **watching TV**, and **Peter** is still doing **his homework.**

Beispiel:

1. What are they just doing?
2. Who ...

▪ Fragen über Fragen ▪

A Hier findest du nur die Antworten auf Fragen. Kannst du die Fragen bilden?

Beispiel: No, I'm not reading a book at the moment.
Are you reading a book at the moment?

2. Yes, I'm helping my mother in the kitchen. **3.** I'm going to school just now. **4.** Peter is watching TV at the moment. **5.** No, I'm not dancing with Paul this evening. **6.** The cat is lying on the sofa. **7.** Yes, Tom is playing football with his friends. **8.** Because it is raining.

▪ Bildergeschichten ▪

A Beantworte die Fragen zu den Bildern richtig.

Beispiel: Is the boy swimming in the sea?
No, he isn't swimming. He's playing ball.

2. Is the girl playing ball?

3. Are the woman and the man lying in the sun?

4. Is the man drinking a glass of beer?

5. Is one of the girls wearing jeans?

6. Are the girls carrying shopping bags?

7. Are the girls at home?

8. Is one of the girls laughing?

Winnetou und Old Shatterhand

B

Versuche nun, diesen kleinen Text ins Englische zu übersetzen.

Vorsicht: Achte auf die richtige Zeit!

Peter besucht seinen Freund Tom. „Hallo, Tom, was machst du gerade?" „Ich lese ein spannendes Buch von Karl May (by Karl May)", antwortet Tom.
„Erzähle mir von dem Buch", sagt Peter. „Im Augenblick bin ich auf Seite 250. Winnetou und Old Shatterhand reiten in die Prärie und kämpfen gegen Indianer." „Das ist aber interessant", sagt Peter. Er fragt Tom: „Kommst du mit? Ich gehe jetzt in die Bücherei."
„Nein, ich muß noch 150 Seiten lesen", antwortet Tom. Deshalb geht Peter allein in die Bücherei.

Der richtige Einsatz

A

Setze „is", „are" oder „am" ein.

are am are is is are is are am are

1. Peter __________ reading a book now.
2. Tom and Sandra __________ going to school together.
3. They __________ playing with their Game Boys.
4. The cats __________ catching mice.
5. Father __________ washing his new car.
6. The bird __________ sitting on the roof.
7. I __________ cleaning my bike at the moment.
8. We __________ lying in the sun.
9. I __________ eating ice-cream.
10. Look, the girls __________ going to a birthday party.

EIN PRESENT – ZWEI FORMEN

Simple Present und Present Progressive

Wie du schon in den beiden vorigen Kapiteln bemerkt hast, gibt es im Englischen **von jeder Zeit** zwei Formen: ***Simple Form*** und ***Progressive Form.*** Dabei gelten **für alle Zeiten** folgende Unterschiede zwischen beiden Formen:

Vergleich

Die Simple Form steht z.B. bei „Zustandsverben".

Die Simple Form steht,
- wenn man etwas **regelmäßig** tut.
- wenn eine Handlung von **Dauer** ist.
- bei **„Zustandsverben".**

want, like, know, belong, love, hate, believe, seem, understand, decide, need …

Die Progressive Form steht,
- wenn eine Handlung im **Verlauf** ist.
- wenn eine Handlung in einem Zeitraum **abläuft.**

Natürlich kann man den Unterschied an Beispielen viel besser erkennen.

Verwendung der Simple Form

Beispiele für die Verwendung der Simple Form:

1. My father **usually** cuts the grass on Saturdays.
   Mein Vater schneidet **gewöhnlich** samstags den Rasen.

2. The gardener works in the garden.
   Der Gärtner arbeitet im Garten. **(Er ist von Beruf Gärtner.)**

3. My teacher **knows** me very well. **(Zustandsverb: know)**

Beispiele für die Verwendung der Progressive Form:

Verwendung der Progressive Form

1. Tom is playing with his model cars.
   Tom spielt **gerade** mit seinen Modellautos.
   Die Handlung ist **im Verlauf!**

2. My father is working in the garden **at the moment.**
   Mein Vater arbeitet **im Moment** im Garten.
   Er arbeitet nur **eine bestimmte Zeit** bzw. **in einem bestimmten Zeitraum!**

Um dir bei der Entscheidung zu helfen, welche Zeitform du benutzen mußt, gibt es **Signalwörter,** die häufig im Satz stehen.

Signalwörter des Simple Present:

Signalwörter des Simple Present und des Present Progressive

always, usually, often, sometimes, never, every day, (week, month, year), in the morning (afternoon)

Signalwörter des Present Progressive:

Look, now, at the moment, just now, right now

Übungen

▪ Top Ten ▪

A Gib an, welche Aussage in den folgenden Sätzen gemacht wird. Schreibe den richtigen Buchstaben in das Kästchen.
Vorsicht: Manchmal ist mehr als eine Lösung möglich.

a = regelmäßig **b** = Dauer
c = Verlauf **d** = Zeitraum

1. Your brother plays football very well.
2. Look, Lothar Matthäus is playing very well.
3. I'm listening to music now.
4. Tim usually does his homework in the afternoon.
5. Jane is walking to work till her car is repaired.
6. Peter speaks two languages.
7. Germany lies north of Switzerland.
8. Petra isn't wearing jeans today.
9. He's washing the car at the moment.
10. The speaker explains why Germany is a member of the EU.

Ein Puzzle

Setze die richtigen Puzzleteile zu vollständigen Sätzen zusammen. **A**

- Paul is overtaking Bill
- Mother
- always
- She
- every Saturday.
- Father
- usually
- listens to the radio after school.
- He is taking the book from the shelf
- he is washing his car.
- never
- washes her blouse in the bathroom.
- always
- They are going to school
- Wait, Peter is brushing his teeth
- They go to church
- right now.
- at the moment.
- goes to work at 8 o'clock.
- Sally
- buys sausages at the butcher's.
- just now.
- at the moment.
- Look,

FC Liverpool – FC Bayern München 1:0

B Dies sind die letzten fünf Minuten einer Radioreportage. Setze die richtigen Verbformen ein.

be – not be – stand – shoot – kick – play – play – send – lose – work – be – score – win

There are still five minutes to play, and now it ____________ a free kick to Bayern München. The Liverpudlians ____________ far enough away from the ball. They ____________ too near. Scholl ____________ – but straight into the legs of Dean Saunders. Saunders ____________ the ball in the air into the Munich half.

Matthäus who usually ____________ in the midfield ____________ on the right today. He ____________ the ball down the right to Jorginho. But he ____________ the ball. Jorginho ____________ hard in this match. Saunders now for Liverpool, in the Munich half, beautifully passes two players, the ball still with Saunders. And now a right-foot shot and it ____________ a goal, a goal for Liverpool. Saunders ____________ in the last minute.

And there is the whistle:

Liverpool ____________ the match 1 to 0.

Test

Good luck!

1.	Peter never ______________ (brush) his teeth.	1
2.	Do you sometimes ______________ (go) swimming?	1
3.	Peter ______________ (walk) to school till his bike is repaired.	2
4.	Peter ______________ (clean) his shoes at the moment.	1
5.	It ______________ (rain) very little in Africa.	2
6.	Father's car ______________ (look) like new again.	2
7.	You ______________ (like) ice-cream very much.	1
8.	Honey ______________ (taste) sweet.	2
9.	Because of the bad weather all trains ______________ (arrive) late today.	2
10.	I ______________ (go) to the cinema this evening.	1
11.	Peter ______________ (not do) his homework, he ______________ (sleep).	2
12.	This car ______________ (cost) 12,000 DM.	1
		18 Summe

Hast du weniger als 12 Punkte erreicht, solltest du die Kapitel von Seite 10 an wiederholen.

DER STAND DER DINGE

Zwischentest I

1 Nach den ersten drei Kapiteln dieses Buches möchtest du bestimmt wissen, wie weit du bist.
Nun, dann versuche dein Glück. Im ersten Teil unseres Tests darfst du selber Lehrer spielen. Ein Schüler gibt dir die folgende Klassenarbeit zurück. Kreuze an, ob die Sätze falsch oder richtig sind, und verbessere die Fehler.

Klassenarbeit Nr. 2 **Name:** *Fritz Pechvogel*

	wrong	right
1. Who does go to school with Peter and Sandra? **(1)**	☐	☐
2. Peter is never doing his homework alone. **(1)**	☐	☐
3. He is buying ten bottles of water today. **(1)**	☐	☐
4. Mrs Belton's house is being at the end of the street. **(1)**	☐	☐
5. Who goes shopping every morning? **(1)**	☐	☐
6. Tom and Peter go not swimming. **(1)**	☐	☐
7. Last year I am in America. **(1)**	☐	☐
8. It is seeming that Paul is ill. **(1)**	☐	☐
9. The single fare costs 5 DM. **(1)**	☐	☐
10. Karl are not going to school this morning. **(1)**	☐	☐
	Summe	**10**

Mark (Note):
mangelhaft

Im zweiten Teil unseres Tests mußt du die Verbformen richtig in die folgende Tabelle einsetzen. Nimm das erste Verb für die 1. Person, das zweite für die 2. Person usw. **2**

Simple Present

	Aussagesätze	*Verneinungen*	
I	write	don't write	
you			**2**
he/she/it			**2**
we			**2**
you			**2**
they			**2**
schreiben, nehmen, gehen, fangen, lernen, denken.			

Present Progressive

	Aussagesätze	*Verneinungen*	
I	am staying	am not staying	
you			**2**
he/she/it			**2**
we			**2**
you			**2**
they			**2**
bleiben, malen, rufen, liegen, aufräumen, stoppen.			**20** **Summe**

Bei weniger als 15 Punkten aus beiden Seiten solltest du die Kapitel von Seite 10 an noch einmal wiederholen.

EINE REISE IN DIE VERGANGENHEIT

Das Simple Past

1. Verwendung

Nach yesterday, ago und last benutze stets das Simple Past.

Das **Simple Past** steht im Englischen für die **einfache Vergangenheit.** Du benutzt das Simple Past für eine Handlung aus der Vergangenheit, die **abgeschlossen ist.**
Wenn du nicht dauernd überlegen willst, ob eine Handlung vorbei ist, helfen dir **Signalwörter,** nach denen **immer** das Simple Past steht:

yesterday, last *week (month), 5 years* ago, in *1972*.

Vergiß nicht: Im Deutschen gebrauchen wir für die Vergangenheit oft das Perfekt.

2. Bildung

Diese Regel gilt auch bei he / she / it.

Bei allen **regelmäßigen Verben** hängst du einfach ein **„-ed"** an.

I often work in the garden.
Aber: Yesterday I work**ed** in the garden.

Natürlich gibt es nicht nur regelmäßige Verben, sondern, wie im Deutschen, auch unregelmäßige, die du leider lernen mußt. Das Simple Past der **unregelmäßigen Verben** ist die **zweite Form des Verbs**, die du im *Verzeichnis der unregelmäßigen Verben* findest (siehe Seite 122).

I always go to school.
Aber: Last week I **went** to school.

Übungen zur Verwendung und Bildung

1

Wandle diese kleine Geschichte ins Simple Past um.

The Birthday Present

Last month Mike __________ (get) 100 DM from his grandmother as a birthday present. He __________ (be) very happy, because he __________ (want) to buy a mountain bike. He already __________ (have) some money, but it __________ (be not) enough yet, so he __________ (have) to save a bit longer. So that nobody would steal his money, he __________ (put) it into a shoe box with old paper on it and __________ (hide) it under his bed. Every day after school he __________ (take) his money out and __________ (count) it. But when he __________ (come) home one day, the box __________ (be not) there. "Mummy," he __________ (shout), "where is the shoe box?" "That old thing?" his mother __________ (answer), "I __________ (throw) it away. Don't keep so many things in your room!" His mother didn't understand why Mike __________ (be) crying bitterly.

2

In diesem Rätsel sind 33 Vergangenheitsformen versteckt. Um sie alle zu finden, mußt du sie waagerecht und senkrecht lesen. Viel Glück!

V	G	B	E	G	A	N	A	F	W	E	N	T	H	C
I	M	K	E	P	T	T	R	E	A	D	B	H	A	D
S	A	T	R	F	E	L	L	D	I	D	O	R	E	R
I	D	H	W	O	R	E	S	E	T	T	K	E	T	A
T	E	O	R	U	A	F	E	L	E	O	S	W	O	N
E	C	U	O	N	N	T	U	V	D	L	G	A	O	K
D	A	G	T	D	R	O	B	B	E	D	O	S	K	S
R	M	H	E	T	U	N	D	E	R	S	T	O	O	D
L	E	T	A	C	R	I	E	D	E	U	W	E	R	E

3. Rechtschreibung

Schreibe nur „-d" bei Wörtern auf „-e".

Bei den regelmäßigen Verben kannst du nicht immer ein „-ed" anhängen, sondern mußt einige **Schreibregeln** beachten: Es wird nur ein **„-d"** angehängt, wenn das Wort schon mit einem **„-e"** endet.

I lik**e** – I lik**ed**.

Mache das „-y" zum „-i-".

Das **„-y"** nach Konsonanten wird zum **„-i-"**.

I tr**y** – I tr**i**ed.

Verdoppele die Endbuchstaben.

Nach kurzem Vokal wird der **Konsonant** am Ende **verdoppelt**.

I sto**p** – I sto**pp**ed.

4. Fragen

- Fragen im Simple Past bildest du mit **„did"** und dem **Infinitiv des Vollverbs**.

	Fragewort	*„did"*	*Subjekt*	*Verb*	*Ort*	*Zeit*
+			Jimmy	work**ed**	in the garden	yesterday.
?	When	**did**	Jimmy	**work**	in the garden	yesterday?

Bilde Fragen immer mit „did", außer bei „was", „were", „who".

- Bei Sätzen mit „was" und „were" brauchst du **kein „did"**.

	Fragewort	*Verb*	*Subjekt*	*Verb*	*Ort*	*Zeit*
+			Jimmy	**was**	in the garden	yesterday.
?	**When**	**was**	Jimmy		in the garden?	

- Fragen nach dem Subjekt *(Wer? Was?)* bildest du ebenfalls **ohne „did"**.

	Fragewort	*Subjekt*	*Verb*	*Ort*
+		Jimmy	worked	in the garden.
?	**Who**		worked	in the garden?

Übung zur Rechtschreibung

Setze die „Simple-Past"-Formen der regelmäßigen Verben ein:

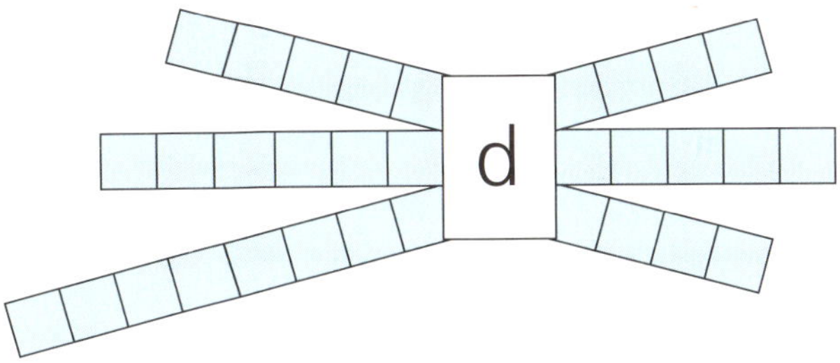

phone
carry
bake
travel
rob
cry

Übung zur Fragebildung

Betrachte dir die Bildergeschichte „Bankraub". Stell dir vor, du bist nun Polizist und mußt den Zeugen folgende Fragen stellen:

1. When / the robber / arrive?
2. What / he / wear?
3. What / to the bank clerk / say / he?
4. Who / the police / call?
5. How many people / be / in the bank / there?
6. How much / get / the robber?
7. Where / he / go?

5. Verneinungen

Bei Verneinungen benutze „did not" oder „didn't".

Bei der Verneinung gelten dieselben Regeln wie bei Fragen: Ist kein anderes Hilfsverb im Satz, verneinst du mit **„did not"** oder **„didn't"**. Auch hier steht das Verb im Infinitiv.

	Subjekt	*Verb*	*Ort*	*Zeit*
+	Jimmy	worked	in the garden	yesterday.
–	Jimmy	**didn't work**	in the garden	yesterday.

Übung zur Verneinung

Dein Freund behauptet Dinge von dir, die gar nicht stimmen. Verbessere ihn.

Beispiel: "You went swimming yesterday."
"No, I didn't go swimming yesterday."

1. "You went to the cinema last week."

"No, I ____"

2. "You lost your mother's money."

"No, I ____"

3. "You ate a lot of ice-cream."

"No, I ____"

4. "You drank five glasses of beer yesterday."

"No, I ____"

5. "You phoned your friend for one hour."

"No, I ____"

Übungen

▪ Fehlende Verben ▪

A

Irgend jemand hat in den folgenden Sätzen immer das Verb vergessen. Kannst du es einsetzen?

1. Ben … with his Game Boy yesterday.
2. Tracy … a letter to her girlfriend Pat last week.
3. Did the police … the thief two days ago?
4. Kate … a book about computer games last month.
5. Did Robin Hood … against the Sheriff of Nottingham?
6. Yesterday my mother … the windows.
7. The Beatles … famous pop stars in 1969.
8. … you buy a bar of chocolate yesterday?
9. Kate did not … to visit her grandmother last Sunday.

1.	■						
2.	■						■
3.						■	■
4.	■				■	■	■
5.				H		■	■
6.				A			
7.	■			R		■	■
8.	■	■	■	D			■
9.	■	■	■				

▪ Sommerferien ▪

B

Versuche, eine kleine Geschichte über Toms letzte Sommerferien zu schreiben. Die Ferien können **(1.)** schön oder **(2.)** scheußlich gewesen sein.
Die folgenden Wörter sollen dir beim Schreiben helfen.
Denke daran, daß du die Geschichte im Simple Past erzählst.

1. wonderful holiday / sun / have fun / go by car / nice camping site / at a lake / clean / wood nearby / a lot of other children / play football / learn to ride / lie on the beach / good food.
2. terrible holiday / rain / dirty and noisy camping site / far from a lake / no children / bad food / fall off the horse / break an arm / hospital.

Drei Briefe

B Hier findest du drei kurze Briefe, die alle einen anderen grammatischen Schwerpunkt haben. Versuche, sie zu übersetzen.

Im Englischen wird das erste Wort nach dem Gruß groß geschrieben.

1. Aussagesätze

Lieber Peter,
gestern hat mich Sandra angerufen. Sie wollte sich ein Buch über Robin Hood ausleihen. Sie hat gestern einen Film über Robin Hood im Fernsehen gesehen und wollte mehr über ihn wissen. Ich fand das Buch sehr interessant und spannend.
Viele Grüße, ...

2. Verneinungen

Liebe Sandra,
gestern bin ich nicht in die Schule gegangen. Ich war krank, habe aber nicht im Bett gelegen. Ich wollte ein Buch lesen, aber es war kein spannendes und interessantes Buch da. Meine Mutter und ich haben darauf gewartet, daß der Arzt kommt. Doch Doktor Müller kam nicht.
Viele Grüße, ...

3. Fragesätze

Liebe Petra,
wo hast du die letzten Sommerferien verbracht? Bist du in die Ferien gefahren, oder bist du zu Hause geblieben? Was hast du den ganzen Tag gemacht? Hast du ein spannendes Buch gelesen? Hat es oft geregnet?
Viele Grüße, ...

Test

Auch am Ende dieses Kapitels kannst du wieder überprüfen, ob du alles verstanden hast. Übersetze dazu folgende Sätze:

Nr.	Satz	Punkte
1.	Letzte Woche besuchte uns unsere Oma.	1
2.	Sie gab mir ein interessantes Buch über Dinosaurier (dinosaurs).	1
3.	Kate: „Seid ihr letztes Jahr in die Ferien gefahren?"	2
4.	Pat: „Nein, wir sind nicht in die Ferien gefahren."	2
5.	Kate: „Was habt ihr gemacht?"	2
6.	Pat: „Wir spielten oft mit dem Game Boy, wenn das Wetter schlecht war."	1
7.	Gestern abend ging Richard später ins Bett als sein Bruder.	1
8.	Vergangenen Samstag gab es einen spannenden (exciting) Film im Fernsehen.	1
9.	1990 gewann Deutschland die Fußballweltmeisterschaft (World Football Championship).	1
10.	Vor zwei Stunden habe ich die Übungen in diesem Buch gemacht. Sie waren nicht einfach.	2
	Summe	14

Wenn du weniger als 9 Punkte erreicht hast, solltest du dieses Kapitel wiederholen.

WIE KANN EINE ZEIT VERLAUFEN SEIN?

Das Past Progressive

1. Verwendung

Past Progressive = Verlauf

Das **Past Progressive** steht im Englischen für die **Verlaufsform in der Vergangenheit.**
Du benutzt das Past Progressive, um auszudrücken, daß eine Handlung in der Vergangenheit abläuft, während eine andere beginnt.

While I **was watching** TV, Dad **came** in.

Signalwort: while / when.

2. Bildung

Past Progressive = „was"/„were" + „-ing"

Du bildest das Past Progressive mit **„was"** oder **„were"** und der **„-ing"-Form des Vollverbs.**

+ Tim **was talking** to his friend.
– The men the police caught **were not wearing** masks.
? **Was** the telephone still **ringing**?

Beachte: Für die Rechtschreibung gelten die gleichen Regeln wie beim Present Progressive; z. B.: **coming, trying, swimming.**

Übung

▪ Wortfetzen ▪

Kannst du die folgenden Wörter zu vollständigen Sätzen ordnen? **A**

1. came home / I / my parents / when / were reading / the newspaper.

   When ______________________________

   ____

2. his mother / the housework / Peter / had to / while / was doing / his homework / do.

   While ______________________________

   ____

3. Sandra's dog / the postman / came / was barking / when.

   When ______________________________

   ____

4. Sam / ready / for school / at eight in the morning / was getting / his mother / when / called him.

   ____

   ____

5. Tom's father / an article / all Saturday evening / for the newspaper / was writing.

   ____

   ____

6. the accident / was driving / when / happened / who?

   ____

   ____

EIN PAST – ZWEI FORMEN

Simple Past und Past Progressive

Handlungen in der Vergangenheit

Wie du gelernt hast, drücken **beide** Formen – Simple Past und Past Progressive – eine Handlung in der **Vergangenheit** aus.
Doch gibt es Unterschiede in der Anwendung:

Vergleich

Simple Past

Simple Past
1. **Abgeschlossene** Handlung in der Vergangenheit:
   We met him last week.
2. Bei **Zustandsverben:**
   The teacher knew her very well. (siehe Seite 28)
3. **Aufeinanderfolgende** Handlungen in der Vergangenheit:
   Yesterday I woke up, washed and got dressed.

Past Progressive

Past Progressive
1. **Verlauf** einer Handlung in der Vergangenheit:
   Mary was doing the housework all morning.
2. Bei **Tätigkeitsverben:**
   I was writing a letter.
3. Eine Handlung **beginnt,** während eine weitere **im Verlauf** ist:
   While Peter was working, the telephone rang.

Übung

▪ Die Folgen einer Party ▪

Mrs und Mr Miller waren zwei Wochen in Kenia. Bevor sie nach Hause kamen, mußten ihre Kinder Tom und Babs die Wohnung nach einer Party aufräumen. Setze die richtigen Verbformen ein. **B**

First Tom ______________ (empty) the ashtrays and the waste-paper baskets and Babs ______________ (carry) out the rubbish. After that, while Babs ______________ (do) the dishes, Tom ______________ (clean) the floor.

But while they ______________ (hang up) the washing the door bell ______________ (ring). Tom and Babs ______________ (get) a terrible shock when they ______________ (hear) it.

They ______________ (think) their parents ______________ (be) back.

But when Babs ______________ (open) the door, she ______________

Ordnung ist das halbe Leben

(laugh). The postman _______________ (stand) on the doorstep. While Babs _______________ (get) the mail, Tom _______________ (come), because he _______________ (want) to know who _______________ (ring) the door bell.

Then Tom _______________ (carry) the furniture back into the living room.

Babs _______________ (bake) a cake, _______________ (clean) the kitchen and Tom _______________ (lay) the table.

At 11.00 o'clock they _______________ (be) ready. Everything _______________ (be) clean except Tom and Babs, who _______________ (look) very dirty.

Suddenly, while Babs _______________ (have) a shower and Tom _______________ (watch) TV, the telephone _______________ (ring). Their mother _______________ (be) on the phone and _______________ (tell) them that they _______________ (want) to stay one more week. Tom and Babs _______________ (start) to laugh and _______________ (decide) to have a party again that night.

Test

In den Sätzen sind Fehler versteckt. Finde und markiere sie.
Doch Vorsicht: Es sind zwei richtige Sätze dabei.

1. While Guy Fawkes prepared to blow up the Houses of Parliament some soldiers arrested him in the cellar of the building.	**2**
2. When the sailors on the English ships noticed the Spanish ships their captain, Sir Francis Drake, was playing bowls.	**2**
3. In 1990 Germany was winning the World Football Championship.	**1**
4. Betty was wanting to visit her friend, but he wasn't at home.	**1**
5. The two men drank together when they suddenly were starting an argument.	**2**
6. Tim met Sandra at school. They both went to the station.	**1**
7. When the burglar was seeing the police he tried to run away.	**2**
8. The teacher was knowing his pupils very well last term.	**1**
Wenn du weniger als 8 Fehler erkannt hast, solltest du die Kapitel von Seite 36 an wiederholen.	**12** **Summe**

Zwei torgefährliche deutsche Nationalspieler in Aktion: Rudi Völler und Jürgen Klinsmann

NOBODY IS PERFECT

Das Present Perfect Simple

1. Verwendung

Das Present Perfect ist die vollendete Gegenwart.

Das **Present Perfect** steht für die **vollendete Gegenwart;** es stellt die Verbindung zwischen Gegenwart und Vergangenheit her. Du benutzt das Present Perfect, um Handlungen oder Vorgänge zu beschreiben,

- die **gerade erst** geschehen sind.
- die zwar in der Vergangenheit stattfanden, aber **keinen bestimmten Zeitpunkt** nennen. Nur das **gegenwärtige Ergebnis** ist wichtig.
- die in der **Vergangenheit begannen** und bis in die **Gegenwart reichen.**

2. Bildung und Rechtschreibung

Das Present Perfect wird immer mit „have"/„has" + 3. Form des Verbs (Past Participle) gebildet.

Du bildest das Present Perfect **immer** mit **„have"/„has"** und der **3. Form des Verbs (Past Participle).** Für das Past Participle hängst du bei den **regelmäßigen Verben** ein **„-ed"** an das Verb.

I often work in the garden.
Aber: I **have** work**ed** in the garden.

Die Rechtschreibregeln sind ebenfalls die gleichen wie beim Simple Past.

Siehe Seite 122!

Das Past Participle der **unregelmäßigen Verben** mußt du lernen. Du findest es im *Verzeichnis der unregelmäßigen Verben.* **Im Deutschen** wird das Perfekt bei einigen Verben mit **„sein"** gebildet, **im Englischen** aber **immer** mit **„have"** oder **„has".**

Er **ist** angekommen. He **has** arrived.

■ Übungen zur Verwendung, Bildung ■ und Rechtschreibung

1 Hier findest du das Past Participle (die 3. Form) einiger Verben. Schreibe den Infinitiv dahinter. Markiere die regelmäßigen Verben mit einem Kreuz (✗).

eaten ______	drunk ______	visited ______
gone ______	seen ______	driven ______
cooked ______	carried ______	written ______
stopped ______	sent ______	bought ______

2 Vervollständige nun die folgenden Sätze. Benutze dabei immer das Present Perfect.

1. My father *has planted a tree* (plant/a tree)
   He is tired now.
2. The boy ______ (lose/mother)
   He is crying now.
3. Mike ______ (wash/car)
   It is clean now.
4. I ______ (live/house/all my life)
   I still live here.
5. Tom ______ (have/bad dream)
   He is afraid now.
6. Anne ______ (do/the dishes)
   She can play now.

7. The plane ______ (take off)
   It is flying to New York.
8. Anne ______ (cut/hair)
   It is short now.

3. Fragen und Verneinungen

Verneinung: „not" hinter „have"/„has"

Frage: Erst „have"/„has", dann Subjekt

Bei der **Verneinung** stellst du das **„not"** einfach **hinter „have"/„has"**. Die Kurzform lautet „haven't"/„hasn't".
Die **Frage** bildest du, indem du das **Subjekt** mit **„have"/„has" vertauschst.**

	Subjekt	***„have"/„has"***	***3. Form***	***Objekt***
+	Jimmy	has	washed	his hands.
?	Has	Jimmy	washed	his hands?
–	Jimmy	has not (hasn't)	washed	his hands.

4. Signalwörter und deren Stellung

Signalwörter des Present Perfect stehen für unbestimmte Zeitangaben.

Folgende **Signalwörter** begleiten **häufig** das Present Perfect:

just	gerade, eben
already	schon (meistens in Aussagesätzen)
yet	schon (in Fragen)
up to now	bis jetzt
so far	bisher
not yet	noch nicht
ever	jemals (häufig in Fragen)
never	noch nie
this morning (evening ...)	diesen Morgen (Abend ...); nur, wenn die Zeit schon begonnen hat, aber noch nicht beendet ist

just, already, ever, never stehen unmittelbar vor der **3. Form**, alle anderen Signalwörter am Satzende.

	Signalwort	***3. Form***	
She has	**just**	cut	the roses.
Have you	**ever**	been	to England?

Aber: Has Jimmy arrived **yet?**

▪ Übungen zu Fragen, Verneinungen ▪ und Signalwörtern

Bringe die Wörter in die richtige Reihenfolge; verwende dabei das Present Perfect. **1**

1. Australia – to – my – be – never – father
2. We – dinner – not – have – yet
3. Story – Anne – interesting – read – just – an
4. Ever – cricket – play – you?
5. Not – teacher – their – this morning – the pupils – see
6. The car – clean – yet – Tom?
7. Mother – already – the – make – beds – my
8. The – fine – this – weather – be – week

Freddy muß im Haushalt helfen, weil seine Mutter im Krankenhaus ist. Sie ruft ihn an und fragt, was er schon erledigt (√) hat und was noch nicht. **2**
Ergänze das Gespräch:

Mother: "Have you done the washing up yet?"

Freddy: "Yes, I have already done it."

Mother: "Fine, and what about your room?"

Freddy: " ______________________________ "

Mother: " ______________________________ "

____

____

____

____

____

____

Things to do
do the washing up √
tidy room
cook lunch √
clean shoes
finish homework
take dog out √

5. Das Present Perfect mit „since" und „for"

seit + Zeitpunkt = since
seit + Zeitraum = for

Die Signalwörter für das Present Perfect, **„since"** und **„for"**, stehen immer für Handlungen, die in der **Vergangenheit begannen** und bis zur **Gegenwart andauern.**
Beide Signalwörter bedeuten **„seit"**. Doch kann man sie nicht gegeneinander austauschen.
Merke: *since* = seit und ein bestimmter Zeitpunkt
for = seit und ein Zeitraum
Ein Tip: Wenn du für „seit" **„lang"** einsetzen kannst, steht **„for"**.

How long have you been here?
I have been here for 5 hours (seit 5 Stunden *oder* 5 Stunden lang).
I have been here since 5 o'clock (seit 5 Uhr).

Achtung: Im Deutschen benutzen wir stets das Präsens.

▪ Übung zur Verwendung von „since" und „for" ▪

Setze bei den folgenden Satzteilen „since" oder „for" vor die Ausdrücke.

1. ________ my birthday.
2. ________ three weeks.
3. ________ some minutes.
4. ________ October.
5. ________ 2 o'clock.
6. ________ the last five years.
7. ________ a long time now.
8. ________ our holidays.
9. ________ Christmas.
10. ________ six months.
11. ________ years.
12. ________ I got up this morning.

Übungen

B

▪ Dein Tagebuch ▪

Denke zurück an den heutigen Tag, und was du zuvor alles geplant hattest. Schreibe auf, was du schon getan hast und was noch nicht erledigt ist.
Wie steht es z. B. mit den Hausaufgaben, mit dem Einkauf im Supermarkt, mit dem Vogelfüttern, Autowaschen, Briefmarken kaufen, Aufräumen ...?

▪ Steckverbindungen ▪

A

Verbinde die Sätze aus der Spalte A mit denen aus der Spalte B. Verwende für die einzelnen Verbindungen verschiedene Farben.

1 – b / 2 – / 3 – / 4 – / 5 – / 6 –

A	B
1. Tom is happy.	**a.** She has eaten too many sweets.
2. My parents are angry.	**b.** His team has won the match.
3. Sue's face is red.	**c.** I have lost the car keys.
4. Mary is ill.	**d.** He has written a good test.
5. Billy is laughing.	**e.** She has been in the sun all day.
6. My uncle is tired.	**f.** He has worked very hard.

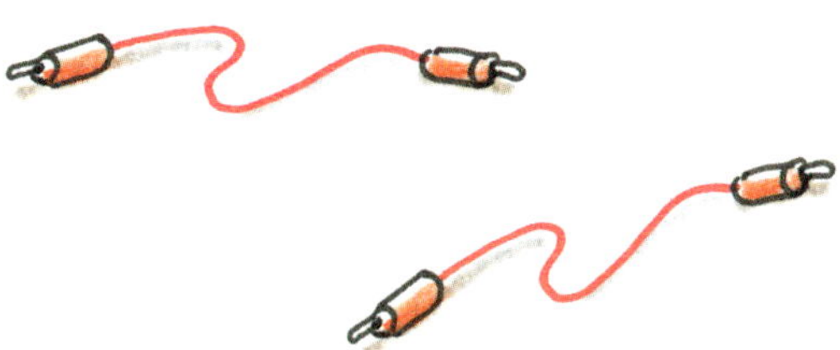

Ein Rätsel

B Das folgende Rätsel enthält unregelmäßige Verben. Finde die fehlenden Formen, und trage sie ein.

1. see – saw – …
2. spend – spent – …
3. take – … – taken
4. … – broke – broken
5. eat – ate – …
6. sing – … – sung
7. speak – spoke – …

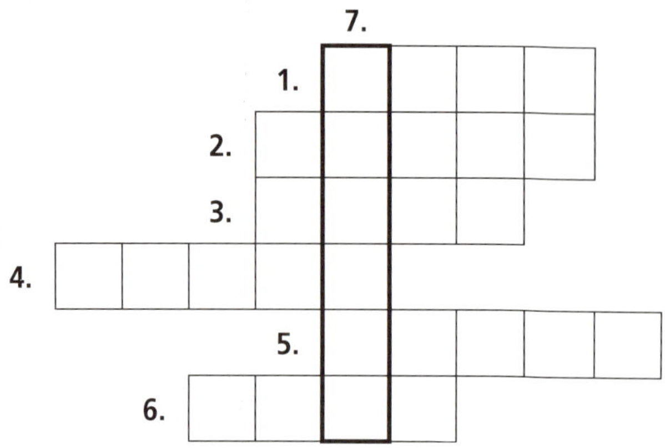

8. ride – rode – …
9. ring – … – rung
10. … – won – won
11. give – gave – …
12. … – lost – lost
13. do – did – …
14. drive – drove – …

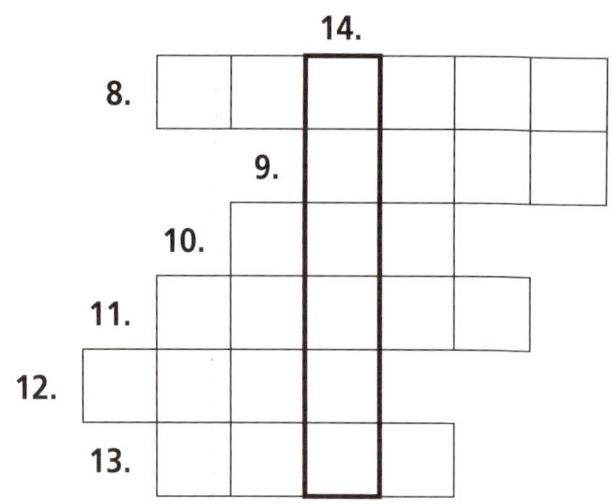

Eine Ansichtskarte

A

Peter erhält eine Ansichtskarte, die ihm Freunde aus den Ferien geschrieben haben. Setze „for" oder „since" ein.

Dear Peter,

We have been here ________________ 2 weeks now and ________________ Friday the weather has been very fine. We haven't had such a nice holiday ________________ years. We all have been busy ________________ this morning. I have been on the beach ________________ 3 hours and I haven't been so brown ________________ ages.

Betty has written a lot of postcards ________________ breakfast and Tom has been surfing ________________ a long time.

That's all for the moment.

Love, ________________

Visiting London

B Martin ist Austauschschüler in London. Er unterhält sich mit seinen englischen Freunden Henry und Sandra. Vervollständige das Gespräch, indem du die fehlenden Wörter richtig einfügst.

Henry: "How long have you been (you, be) here?"

Martin: "I ________ (be) here ________ 3 weeks, exactly ________ 15th August."

Sandra: "________ you ________ (ever be) to England before?"

Martin: "No, I have not. This is the first time."

Henry: "________ you ________ (do) a lot of sightseeing yet?"

Martin: "Well, I ________ (already visit) the Tower and I ________ (take) a boat trip on the Thames. That was fantastic."

Sandra: "What about the Houses of Parliament. ________ you ________ (see) them yet?"

Martin: "No, I ________ (not have) time, and I ________ (not hear) Big Ben either. But I ________ (already climb) to the top of St. Paul's Cathedral. I had a wonderful view over London."

Sandra: "Do you like London's parks?"

Martin: "Oh, they are great. I __________ (walk) through Regent's Park lately, and I __________ (look) at the animals in the zoo, I __________________ (already listen) to the speakers at Speaker's Corner in Hyde Park twice. I _______________ (never hear) such interesting things before."

Henry: "__________ you __________ (ever travel) on a double-decker?"

Martin: "Of course, I _______________ (also be) to Buckingham Palace. But the Queen wasn't at home. __________ you __________ (ever meet) her?"

Henry: "Well, we _______________ (often see) her – on TV!"

Westminster, Big Ben

▪ Ein Zeitungsartikel ▪

B Hier findest du einen Artikel, wie er auch in deiner Zeitung stehen könnte. Füge die passenden Verben in die Lücken der Sätze ein.

answer – ask – be – come – do – happen – write

No Money For Traffic Lights?

There __________ (just) another serious accident at Kingsley Corner where a lot of pupils have to cross Queen's Road to get to their school. This year there __________ (already) two deaths here. Therefore parents, children and teachers __________ protest letters to the Council several times and __________ for traffic lights at this corner. But the local authorities __________ yet, and __________ nothing so far. Now the parents think the time __________ to demonstrate against this terrible situation.

Rush-hour in London

Test

Übersetze die folgenden Sätze:

1.	Mein Bruder hat gerade das Haus verlassen.	1
2.	Hast du schon Anne angerufen?	1
3.	Wie lange kennst du deinen Freund? Ich kenne ihn seit dem Kindergarten.	2
4.	Tom ist bis jetzt noch nicht in einem Rockkonzert gewesen.	1
5.	Wir haben unser Auto schon fünf Jahre.	1
6.	Mr Miller hat schon sechs Briefe geschrieben.	1
7.	Mein Großvater ist noch nie nach England gereist.	1
8.	Das Wetter ist die ganze Woche (bis jetzt) schön gewesen.	1
9.	Warum ist dein Vater so müde? Er hat den ganzen Tag gearbeitet.	2
10.	Du hast gerade den Test gemacht. Jetzt kannst du spielen.	2
	Summe	13

SCHON WIEDER EINE VERLAUFSFORM!

Das Present Perfect Progressive

1. Verwendung

Das Present Perfect Progressive betont die Dauer einer Handlung.

Das **Present Perfect Progressive** ist die **Verlaufsform des Perfekts.** Sie steht für Handlungen, die in der Vergangenheit begannen und noch andauern oder gerade abgeschlossen sind. Du verwendest das Present Perfect Progressive, um die **Dauer** und den **Verlauf** einer Handlung hervorzuheben. Wenn du dagegen das **Ergebnis** der Handlung betonst, benutzt du das **Present Perfect Simple.**

Signalwörter: how long, for, since, all day (month ...), the whole morning (day ...).

Achtung: Im Deutschen steht immer das Präsens. Bei Verben, die keine Tätigkeit ausdrücken, steht im Englischen das **Present Perfect Simple**; z. B. bei **be, have, know, want.**

2. Bildung

Present Perfect Progressive = „have"/„has" + „been" + „-ing"-Form des Verbs

Du bildest das Present Perfect Progressive mit **„have"/„has"** und **„been"** und der **„-ing"-Form des Vollverbs.**

I have been waiting since 8 o'clock.

Bei **Fragen** vertauschst du „have"/„has" mit dem Subjekt.

How long has Tom been waiting?

Bei **Verneinungen** stellst du das „not" hinter „have"/„has".

We have not been waiting.

▪ Übung zur Verwendung und Bildung ▪

Es ist Samstag, 13.00 Uhr. Du siehst auf den Bildern, was die Kinder gerade unternehmen.
Schreibe nun auf, wie lange bzw. seit wann sie die jeweilige Tätigkeit ausüben.

11.00

Sue ______________________________

______________________________ two hours.

12.45

Philip ______________________________

______________________________ 15 minutes.

11.40

Peter ______________________________

______________________________ 11.40.

12.25

Mike ______________________________

______________________________ 35 minutes.

12.30

Jenny ______________________________

______________________________ 12.30.

12.40

Billy and Linda ______________________________

______________________________ 20 minutes.

EIN PERFECT – ZWEI FORMEN

Present Perfect Simple und Present Perfect Progressive

Verbindung der Vergangenheit mit der Gegenwart

Wie du gelernt hast, betonen **beide** Formen – Present Perfect Simple und Present Perfect Progressive – die Verbindung der **Vergangenheit** mit der **Gegenwart.**

Vergleich

Present Perfect Simple

Present Perfect Simple

1. Diese Form betont das **Ergebnis:**
   She has just painted the picture. (Das Bild ist fertig.)
2. Sie steht bei **Zustandsverben:**
   I have known her for three years. (siehe Seite 28)
3. Sie folgt auf die Frage **how much / how many:**
   I have written three letters.

Present Perfect Progressive

Present Perfect Progressive

1. Diese Form betont das **Andauern** der Handlung:
   Sue's hands are dirty. She has been painting a picture.
   (Das Bild ist noch nicht fertig.)
2. Sie steht bei **Tätigkeitsverben:**
   I have been working for three years.
3. Sie folgt auf die Frage **how long:**
   I have been writing an article all morning.

Übungen

Richtig und falsch

Wähle die richtige Verbform, indem du die falsche ausstreichst. **A**

1. Angela **has found / has been finding** a new job.
2. Mike **has worked / has been working** as a postman for 2 weeks.
3. Mummy, I **have broken / have been breaking** your vase.
4. How long **have you had / have you been having** this car?
5. The tourists **have been visiting / have visited** ten museums today.
6. They **have been travelling / have travelled** around New York all day.
7. Tom **has cut / has been cutting** his finger.
8. **Have you heard / have you been hearing** the latest news?
9. How much money **has she been spending / has she spent** today?
10. How long **have you been reading / have you read** this book?
11. My father **has played / has been playing** „Lotto" for 20 years, but he **has never won / has never been winning** a prize so far.
12. My mother **has been giving up / has given up** smoking.

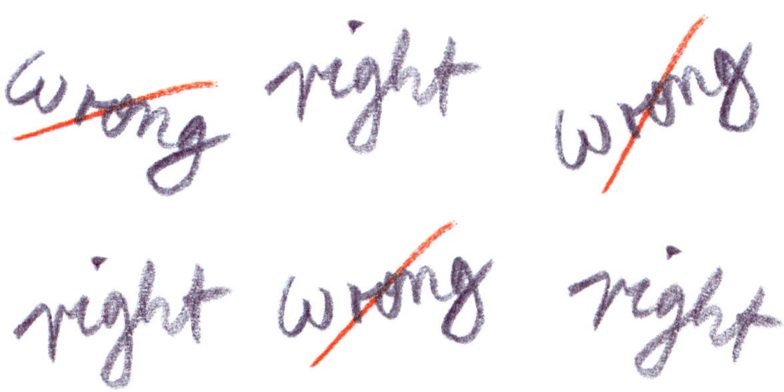

■ Interview mit einem Popstar ■

B Jim McCawley, ein berühmter Popstar, berichtet in einem Interview über seine Arbeit.
Füge die passenden „Present-Perfect"-Formen in die Lücken der Sätze ein.

I ______________ (work) in my job for three years now. I ______________ (already produce) ten records and I ______________ (win) a prize for two of them. For the last two weeks I ______________ (write) the text for my next record.
So I ______________ (drink) more alcohol than usual and I ______________ (smoke) at least 200 cigarettes for the last five days. I ______________ (not see) much of my family lately, because we ______________ (live) in a village since I became famous. I ______________ (just come) back from a tour abroad, in fact, I ______________ (travel) to many countries all over the world, and I'm sure all my fans ______________ (enjoy) my music.
Sorry, we have to finish this interview, because more reporters ______________ (wait) more than an hour for an interview.

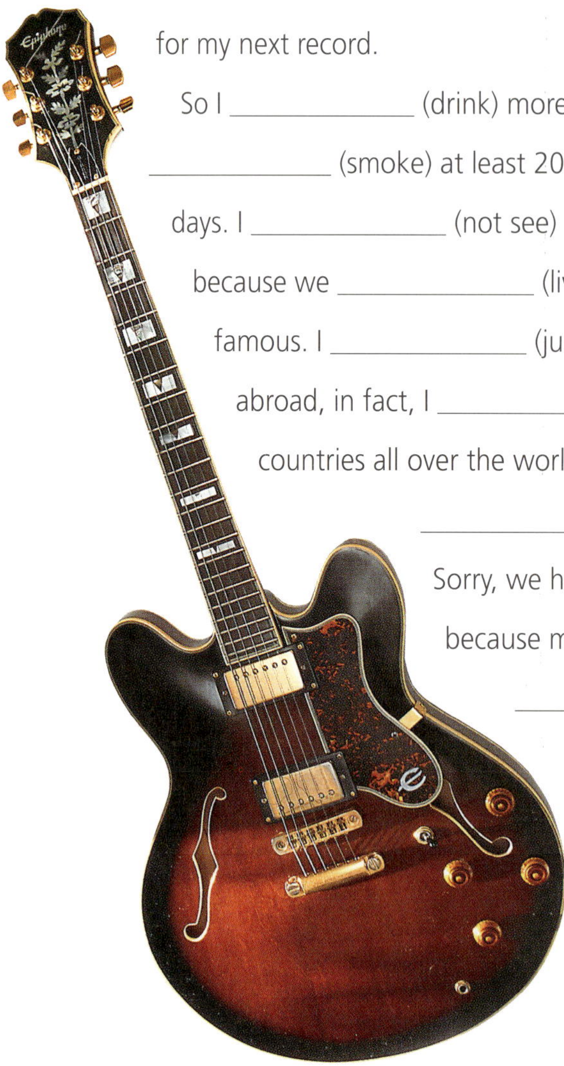

Test

Übersetze die folgenden Sätze. Überlege dabei, welche Form des Perfekts die richtige ist:

1. Mein Bruder studiert seit zwei Jahren Sprachen an der Universität. 1
2. Meine Mutter putzt schon seit 10 Uhr Fenster. 2
3. Der Tennisstar spielt seit dem 10. Lebensjahr Tennis.
   Er hat Wimbledon schon viermal gewonnen. 2
4. Wie lange sind deine Eltern verheiratet? 1
5. Billy arbeitet seit sechs Jahren in London, aber er hat schon
   dreimal die Stelle gewechselt. 2
6. Warum sind deine Hände so schmutzig? Ich habe gerade
   mein Auto repariert. 1
7. Es schneit schon tagelang, und es hat schon mindestens
   50 cm geschneit. 2
8. Mein Freund sucht seit 5 Uhr sein Buch, aber er hat es noch nicht
   gefunden. 2

13 Summe

WIDMEN WIR UNS DEN FEINHEITEN

Past Tense und Present Perfect

Die unterschiedliche Verwendung von Past Tense und Present Perfect führt wiederholt zu Fehlern, zumal diese Zeiten im Englischen häufig anders gebraucht werden als im Deutschen. Darum soll an dieser Stelle noch einmal das Wichtigste der beiden Zeiten zusammengefaßt werden.

Verwendung

Signalwörter: yesterday, ago, last, when, in (1960)

Past Tense ***(simple und progressive form)***

Das Past Tense bezeichnet Vorgänge, die in der Vergangenheit geschehen und **völlig abgeschlossen** sind. Meistens wird ein **genauer Zeitpunkt** genannt.

Signalwörter: already, ever, never, not yet, since, for, so far

Present Perfect ***(simple*** **und** ***progressive form)***

Das Present Perfect wird für die Vorgänge gebraucht,

- die **„bis jetzt“** geschehen sind,
- **ohne** einen bestimmten **Zeitpunkt** zu nennen,
- deren Ergebnis aber noch wichtig ist,
- oder die in der **Vergangenheit begannen** und in der **Gegenwart** noch **andauern.**

Übungen

■ Der „Lückenfüller"-Test ■

Welche Zeiten sind richtig? Füge sie in die Lücken der Sätze ein. **A**

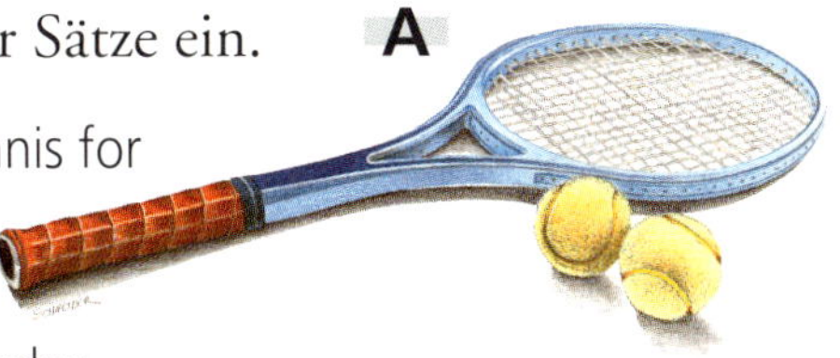

1. Michael ______________ (has been playing; played) tennis for 3 hours now.
2. Tom ______________ (has written; wrote) a letter yesterday.
3. ______________ you ever ______________ your arm? (have – broken; did – break)
4. How long ______________ Anne ______________ TV? (has – been watching; did – watch)
5. When ______________ Columbus ______________ America? (has – discovered; did – discover)
6. We ______________ (have bought; bought) our car in 1992.
7. I can't find my glasses. ______________ you ______________ them? (have – seen; did – see)

8. My father ______________ never ______________ on holiday. (has – been; was)
9. ______________ you ______________ dinner yet? (have – had; did – have)
10. Yes, we ______________ (have had; had) dinner at 7 o'clock.

■ Past Tense oder Present Perfect? ■

B Entscheide, welche der beiden Zeiten du einsetzen mußt. Achte auf die „Progressive"-Formen.

A Long Life

Tim's great grandmother ____________________ (just celebrate) her 90th birthday. She _____________ (be) born in a little village. When she _____________ (be) 10 years old, her family _____________ (move) to a big town and since then she _____________ (live) in the same house. While she _____________ (work) in a bank, she _____________ (met) her husband and _____________ (marry) him a year later. But he _____________ (die) during the war, and she _____________ (never marry) again. Except for an operation which she _____________ (have) 15 years ago, she _____________ (not be) seriously ill yet. The reason is that she _____________ (never smoke) and _____________ (ride) a bike since she _____________ (be) a child. To keep herself active she _____________ (read) a lot of books and _____________ (not miss) the news on TV so far.

She _____________ (have) an interesting life and hopes to live to be a hundred.

Test

Übersetze die folgenden Sätze:

1.	Wann ist der Zug angekommen? Er ist gerade angekommen.	2
2.	Wart ihr schon einmal in Italien? Ja, wir haben unsere letzten Ferien dort verbracht.	2
3.	Mein Vetter ist vor einem Jahr nach Australien gezogen, und er hat noch nicht ein Känguruh gesehen.	2
4.	Hast du ferngesehen, als ich dich gestern anrief?	2
5.	War der Postbote schon hier? Ja, er ist vor fünf Minuten hier gewesen.	2
6.	Lizzy ist schon fünf Tage im Krankenhaus. Letzte Woche hat sie sich ihr Bein gebrochen.	2
7.	Wann hast du Alex das letzte Mal getroffen? Ich habe ihn seit einer Woche nicht gesehen.	2
8.	Vor zwei Monaten hat mein Vater ein Auto gekauft und ist schon 2000 km gefahren.	2
9.	Gestern abend war ein Gewitter (thunderstorm), und seitdem regnet es.	2
10.	Hast du schon deine Hausaufgaben gemacht? Ja, ich habe sie vor einer Stunde gemacht.	2
		20 Summe

Hast du weniger als 12 Punkte erreicht, solltest du nicht weiterarbeiten, sondern erst die Kapitel von Seite 36 an wiederholen.

GELERNT IST GELERNT

Zwischentest II

Unser zweiter Zwischentest besteht aus vier Teilen, die die wichtigsten Punkte der bisher erarbeiteten Kapitel zusammenfassen.

1

Simple Present oder Present Progressive

	1. I ______________ (think) of moving to the USA.
2	What __________________ (you think) of it?
	2. ______________ (you hear) the loud music?
2	It ______________ (come) from the party in our neighbourhood.
1	**3.** English pupils usually ______________ (have) lunch at school.
	4. Peter can't come with us. He ______________ (wait) for
1	an important telephone call.
1	**5.** Mother always ______________ (do) the shopping on Saturdays.
	6. Look, it ______________ (rain), and we ______________
2	(have not) an umbrella.
Summe 9	

Simple Past oder Past Progressive

2

1.	While Robin Hood ______________ (hunt) in Sherwood Forest, an arrow ______________ (hit) him in his left arm.	1
2.	When I ______________ (wake up) in the morning, Mum and Dad ______________ (read) the newspaper.	1
3.	Yesterday my father ______________ (wash) his car, ______________ (paint) the garage, ______________ (cut) the grass and ______________ (buy) a book.	2
4.	It ______________ (seem) that we all ______________ (have) a lot of fun in our last holidays.	2
5.	When Columbus ______________ (discover) America, the sailors ______________ (be) all very happy about it.	1
6.	The telephone ______________ (ring) while Mr Becker ______________ (watch) TV.	1
7.	In 1900, Victoria ______________ (be) Queen of England and the British troops ______________ (fight) in South Africa.	1
8.	While Mandy ______________ (read) *BRAVO,* her mother ______________ (come in).	2
		11 **Summe**

3 ▪ Simple Past oder Present Perfect ▪

1. We ______________ (have) a lot of rain in May but so far the
2 sun ______________ (shine) every day this month.
2. Where is Sandra? I ______________ (not see) her today but she
2 ______________ (tell) Tim she would come at about 12.00 o'clock.
2 3. ______________ (you see) "Hamlet"? No, I ______________
4. How many English lessons ______________ (you have) since the
2 beginning of this month?
5. Peter and Sandra ______________ (visit) some discos since
1 last week.
2 6. ______________ (you hear) anything about Sandra so far?
1 7. Roman Herzog ______________ (be elected) President in 1994.
8. Look, somebody ______________ (steal) my bike.
2 I'll now have to go home by bus.

Summe **14**

▪ Simple Past oder Past Progressive ▪ oder Present Perfect

4

Tim aus Düsseldorf telefoniert mit seinem Freund Peter aus Nürnberg.

Punkte jeweils in Klammern

"Hello, is that you, Peter? Nice to hear you. What ______________ (you do) since our last telephone call?" **(2)** "Oh, nice to hear you, too. Do you remember that we ______________ (move) to a new house last month? We ______________ (not finish) all the work yet. **(3)** Yesterday while I ______________ (paint) my room, Mum ______________ (come in) and ______________ (tell) me that I ______________ (have to) go to a new school." **(4)** "Goodness, that sounds very difficult. Over here in Düsseldorf it ______________ (rain) for three days now. **(1)** We ______________ (not be able to) play outside since then. Last night while I ______________ (sleep) there ______________ (be) a terrible thunderstorm. I ______________ (wake up) and ______________ (not be able to) sleep for two hours. **(5)** So I ______________ (be) tired this morning. **(1)** Sorry, Peter, my Mum is calling me. I must say good-bye."

Summe 16

Summe Teil 1:	
Summe Teil 2:	
Summe Teil 3:	
Summe Teil 4:	
Summe	**50**

Hast du insgesamt weniger als 25 Punkte erreicht, solltest du vor dem Weiterarbeiten erst die Kapitel von Seite 36 an wiederholen.

WEITER ZURÜCK GEHT ES NICHT

Das Past Perfect

1. Verwendung

Past Perfect = vorzeitig zum Simple Past

Das **Past Perfect** ist die **vollendete Vergangenheit.** Es beschreibt eine Handlung, die gegenüber dem Simple Past **vorzeitig** ist.

After Tom had finished his homework,
(vorzeitige Handlung)
he played football.
(Handlung im Simple Past)
Signalwörter: after *und* **before.**

2. Bildung

Past Perfect = „had" + 3. Form

Das Past Perfect wird mit **„had"** und der **3. Form des Vollverbs** gebildet.

+ John had finished working in the garage.
– John had not finished working in the garage.
? Who had finished working in the garage?

Übungen

Ein Tag mit den Millers

A

Beschreibe, was den Millers gestern alles passierte. Benutze die folgenden Verben:

play, take, watch, go, go to bed, repair, dream, go by bike, do the dishes, go shopping, ~~wake up~~, ~~have a shower~~

Beispiel: After Mr Miller had woken up, he had a shower.

Weiter geht's auf Seite 78!

Dies war ein Tag im Leben der Millers …

Paris

Tim und John sind Studenten, die sich zum ersten Mal in Paris aufhielten. Hier findest du Aktivitäten aufgelistet, die sie unternommen haben. Verbinde die Sätze.

1. arrive at Orly Airport. **2.** take a taxi to their hotel.
3. enjoy the view from the Eiffel Tower.
4. make a sightseeing tour to Versailles.
5. go on a boat trip on the Seine. **6.** visit the Louvre.
7. take pictures of Paris. **8.** return to their hotel.

Beispiel:

1. After they **had arrived** at Orly Airport, they **took** a taxi to their hotel.

2. After they had taken a taxi to their hotel, ____________________

3. ____________________

4. ____________________

5. ____________________

6. ____________________

7. ____________________

A

Ein lange verschollenes Frühwerk von Leonardo D.

▪ Die Qual der Wahl ▪

B Simple Past oder Past Perfect? Das ist hier die Frage. Entscheide dich für die richtige Form, und setze sie ein.

1. The English test which ________________ (come out) last week was better than I ________________ (expect).
2. The bank clerk ________________ (stay) in the bank until the police ________________ (arrive).
3. This morning Mrs Brown ________________ (find) her purse which she ________________ (lose) three weeks ago.
4. The whole class ________________ (be) of the same opinion which the teacher ________________ (not expect).
5. The police ________________ (not understand) how the burglar ________________ (get) into the house.
6. The old woman ________________ (not lock) the front door before she ________________ (leave) the house.
7. Nobody ________________ (seem) to know anything about the film which ________________ (be shown) yesterday evening.
8. After we ________________ (return) from our holidays in Spain we________________ (wash) the dirty clothes.
9. When ________________ (break out) the Second World War ________________?

Ein Rätsel

A

Dieses Rätsel löst du dann richtig, wenn du die Verben in den Klammern ins Englische übersetzt und außerdem das Past Perfect benutzt. Die Kästchen zeigen die Buchstabenzahl der gesuchten Verbform an. Die Buchstaben in den hervorgehobenen Kästchen ergeben in ihrer Reihenfolge ein **Lösungswort.**

1. My brother ___ (kaufen) a book about computers before he worked with a computer.
2. The eagle ___ (ausbreiten) its wings before it rose into the air.
3. After Dr. Miller ___ (erklären) how the medicine should be taken, he gave it to the patient.
4. After our school ___ (brennen) down last year, we had to go to a new school.
5. Sandra's dog ___ (beißen) the postman yesterday morning before he put the mail into the letterbox.
6. After I ___ (reiten) my horse I had to feed it.
7. After the American colonists ___ (kämpfen) against the British monopoly of tea export to America, war broke out.
8. After the ship ___ (sinken) a helicopter came to rescue the passengers.
9. Mr Miller found the purse he ___ (verlieren) a week before.

Lösungswort:

▪ Ein Fehlertext ▪

B Jetzt kannst du wieder einen Fehlertext bearbeiten. Kontrolliere dabei, ob die Sätze richtig übersetzt worden sind. Aber Vorsicht: Es ist auch ein richtiger Satz dabei.

1. Als Mr Smith gestern nach Hause kam, hatte seine Frau schon eingekauft.

   Yesterday when Mr Smith had arrived home, his wife already did the shopping.

2. Es klingelte an der Tür, während Mr Miller duschte.

   The door bell had rung while Mr Miller had a shower.

3. Als Bob zur Bushaltestelle kam, war der Bus schon weg.

   When Bob had come to the bus stop, the bus already left.

4. Sandra brachte Tom einen Kuchen. Sie hatte ihn selber gemacht.

   Sandra brought Tom a cake. She had made it herself.

5. Nachdem Tom nach Hause gekommen war, schaute er Fernsehen.

   After Tom arrived home, he watched TV.

6. Ich sah mir unser Haus an, das wir vor zehn Jahren verkauft hatten.

   I had looked at our house which we sold ten years earlier.

Bist du dem richtigen Satz auf die Spur gekommen, Sherlock Holmes?

Test

Im folgenden Rätsellabyrinth mußt du deinen Weg Schritt für Schritt mit einer Farbe markieren. Du findest den richtigen Weg nur dann, wenn du alle 3. Formen erkennst.

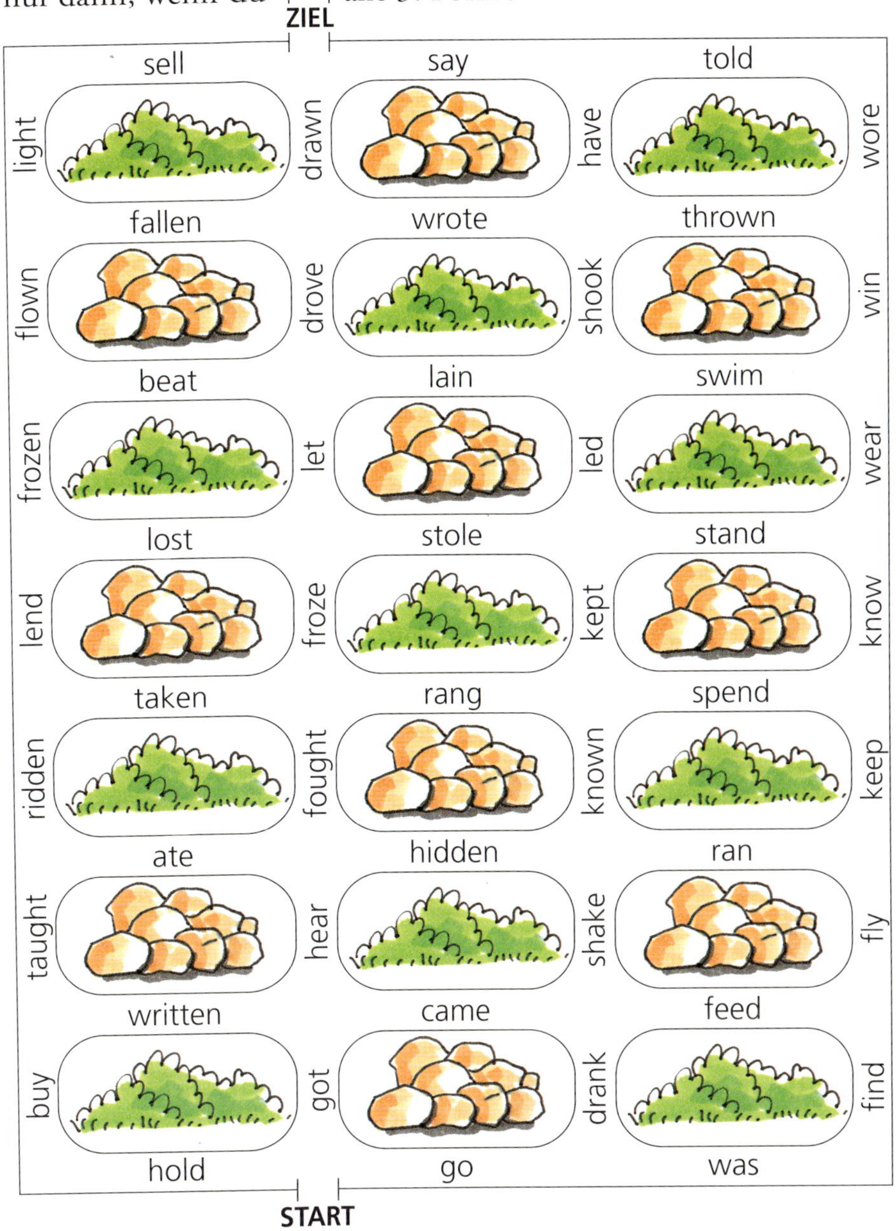

Wenn du am Ziel angelangt bist, kannst du weiterarbeiten.

ZEITEN UNTER DER LUPE

Past Tense – Present Perfect – Past Perfect

In den folgenden drei Übungen sollst du die richtigen Verbformen herausfinden. Du wirst sehen, daß dies sehr spannend sein kann.

Past Tense, Present Perfect oder Past Perfect?

B

1. I ______________ (meet) Tom at the party yesterday evening. He ______________ (dance) the whole night.
2. The sun ______________ (not shine) very often this summer, has it?
3. Before I ______________ (start) my car yesterday, I ______________ (fasten) the seat belt.
4. Mother thinks it's time to wake up Dad. He ______________ (sleep) for 4 hours now.
5. Sorry for being late. How long ______________ (you already wait)?
6. After Julius Caesar ______________ (die), Augustus ______________ (become) emperor.
7. Before England ______________ (become) a Republic, Charles I ______________ (be executed).
8. Which films ______________ (you already see) on TV this week?
9. When Jack and Tina ______________ (be) in that little restaurant last week, they ______________ (decide) to get married.

Besuch vom Mars

Finde für die folgende Geschichte, die tatsächlich geschehen ist, die richtigen Verbformen heraus. **B**

The Night the Martians Landed

It (be) the evening of October 30th, 1938. Many families (sit) in front of their radios and (wait) for a radio play produced and spoken by Orson Welles. It was the play of the famous novel "The War of the Worlds" by H. G. Wells. The listeners (looking forward to) an hour of excitement but the play (not start). They only (hear) dance music. Suddenly, just when the people (begin) to wonder, an announcer (break) in with the exciting news: "A professor in an observatory (just notice) gas explosions on the planet Mars. A metal spaceship with armed Martians (land) near New York. 2000 people (be already killed). The Martians (come) to make war on the world." This message (be continued) by an interview with the police. They (order) the announcer to tell the public to remain calm and, if necessary, to defend their country. The news (be told) in such a realistic way that everyone (think) the invasion of the Martians (come) true. People (run) into the streets or into the parks. They (cry) and (shout) for fear and (search) the sky for the Martians. Nobody could believe that it (be) only a radio play.

Orson Welles (become) famous for that play all over the world. His version of the "War of the Worlds" (not be forgotten) yet.

▪ Finde den Täter! ▪

B Setze jeweils die richtige Zeit und die richtige Form *(simple* oder *progressive)* ein.

Crime Story

Yesterday evening in Los Angeles. Police cars ______________ (stand) in front of a wonderful bungalow with a swimming pool and a garden near the seaside. Someone ______________ (call) the police 15 minutes ago. When Inspector Columbo ______________ (arrive), he first ______________ (want) to speak to the owner of the house. While he ______________ (enter) the living room, he ______________ (see) the opened and emptied safe. Mr and Mrs Clark, the owner, and their friends, Mary and Peter Higgins, ______________ (sit) and ______________ (talk). "I'm Inspector Columbo," he ______________ (say). "What ______________ (happen)?" "When we ______________ (come) home," Mrs Clark ______________ (start), "we ______________ (see) the open front door. First we ______________ (think) we ______________ (not lock) it when we ______________ (leave) three hours ago. So we ______________ (go) in. But then my husband ______________ (see) the opened safe. After I ______________ (call) the police, we ______________ (wait) here since the arrival of the police."

"100,000 dollars and my wife's jewels ______________ (be stolen)," Mr Clark said. "We ______________ (be invited) to a large dinner party with our friends." Peter and Mary Higgins ______________ (not say) anything up to now. Inspector Columbo ______________ (ask) Peter:

"Is that right, what Mrs Clark ______________ (tell) me?"

"Oh yes," Peter ______________ (reply), "we ______________ (be) at this party, too. Mary ______________ (dance) with Mr Clark the whole time, while I ______________ (talk) to his wife. We ____________ (come) home with the Clarks for a drink at 11.00. After we ______________ (enter) the living room, we ______________ (see) the safe and Mrs Clark ______________ (phone) the police." "What ______________ (wear) at that dinner party?" Inspector Columbo asked. "A lot of very famous and important people ______________ (be) there, so we ______________ (have) to go in evening dress," Mr Clark answered. "But what a silly question!" "Well," Inspector Columbo answered, "now I know the criminal who ______________ (steal) the money and the jewels."

Weißt du auch, wer der Täter war? Wenn du dir das Bild genau anschaust, findest du bestimmt den Dieb.

DIE ZUKUNFT KENNT VIELE FORMEN

Das will-Future

Um ein zukünftiges Geschehen auszudrücken, gibt es im Englischen **fünf** verschiedene Zukunftsformen. Welche das sind, erfährst du auf den folgenden Seiten. Als erstes das will-Future.

1. Verwendung

Das will-Future steht bei Vorhersagen, Vermutungen, spontanen Entscheidungen.

„will“ + Infinitiv bei allen Personen!

Im Deutschen steht auch bei zukünftigen Handlungen oft das Präsens.

Du benutzt das will-Future,

- um eine **Vorhersage**, eine **Vermutung** oder eine **persönliche Meinung** auszudrücken. *(I think our team will win.)*
- um eine **Bitte**, ein **Versprechen** (Zusage) oder eine **spontane Entscheidung**, die du erst im Moment des Sprechens triffst, zu äußern. *(Will you help me? I'll try.)*
- um den **Hauptsatz** eines **„if“-Satzes** (Typ 1) zu bilden. *(If it rains, I'll stay at home.)*

Wichtige Signalwörter:
I suppose, I expect, I'm sure, perhaps, probably, I hope.

2. Bildung

Kurzformen: „will“ = „'ll“ „will not“ = „won't“

Du bildest das will-Future mit **„will“** und dem **Infinitiv** (der 1. Form des Verbs). Das gilt für **alle** Personen!

+ I (you, he ...) will come. I'll (you'll, he'll ...) come.
– I (you, he ...) will not (won't) come.
? Will I (you, he ...) come?

Wichtig: I will = ich werde   I want = ich will

▪ Übung zur Verwendung und Bildung ▪

Die Wahrsagerin Esmeralda antwortet auf die Fragen dieser jungen Leute immer nur das, was sie gern hören möchten. Sie sagt ihnen also nur Gutes voraus.
Schreibe die Antworten mit „will“ („'ll“) oder „won't“.

"______________ become a popstar?"

Esmeralda: "You'll become a popstar."

"______________ lose my friend?"

Esmeralda: "Don't worry, ______________________"

"______________ get bad marks at school next year?"

Esmeralda: "______________________________"

"______________ be happy again?"

Esmeralda: "______________________________"

"______________ meet a rich man?"

Esmeralda: "______________________________"

"______________ our team win?"

Esmeralda: "______________________________"

"______________ it rain all summer?"

Esmeralda: "______________________________"

Übungen

Scheinbare Paare

A Die folgenden Satzpaare klingen sehr ähnlich, aber nur eine Verbform ist jeweils richtig. Überlege genau, und kreuze die richtige an.

1. That is a beautiful pullover.
a. I buy it for you.
b. I'll buy it for you.

2. What magazine do you read?
a. I read "Bravo".
b. I'll read "Bravo".

3. If the weather is fine,
a. we go swimming.
b. we will go swimming.

4. What time do you eat lunch?
a. We have lunch at 1 p.m.
b. We'll have lunch at 1 p.m.

5. I have lost my money.
a. I lend you some.
b. I'll lend you some.

6. When we get home,
a. I make a cup of tea.
b. I'll make a cup of tea.

7. Whenever Mr Miller gets home,
a. he makes himself a cup of tea.
b. he'll make himself a cup of tea.

8. What would you like to drink?
a. I have a lemonade, please.
b. I'll have a lemonade, please.

Blick in die Zukunft

B Deine Klasse diskutiert mit eurem Lehrer, wie das Leben in dreißig Jahren aussieht. Einige Schüler sind Optimisten, einige Pessimisten. Finde die Fragen, und vervollständige die Antworten mit „will" oder „won't".

What will life be like in thirty years?

1. *Will schools be better?* (schools/better)

Of course, they ______ be smaller and there ______ be more teachers.

I don't agree. There ______________ be any school at all, because pupils ______________ learn at home by computers and television.

2. ________________________________? (people/work harder)

I'm sure people ______________ work as hard as today, because robots ______________ do most of the work. But I suppose young people ______________ find a job after school and ______________ earn less money.

3. ________________________________? (people/more free time)

I imagine people ______________ have much more free time. They ______________ fly to the moon for their holiday and ______________ travel by helicopter instead of cars. I'm afraid there ______________ be any trees, because the air ______________ be too dirty.

4. ________________________________? (people/happier)

Yes, I think people ______________ be happier than today, because doctors ______________ probably find a medicine against every illness so that people ______________ live longer, and ______________ have to go to hospital.

That's right, but then there ______________ be millions more people in the world, and we ______________ have enough to eat.

DAFÜR GIBT ES KEINE ÜBERSETZUNG

Das going to-Future

1. Verwendung

Das going to-Future steht für feste Absichten und kurz bevorstehende Ereignisse.

Du benutzt das going to-Future,

- um **feste Vorhaben oder Pläne** für die Zukunft auszudrücken.

> My father hasn't got time now but he's
> going to repair my bike later on.

Aber: Bei spontanem Entschluß steht das will-Future.

> Daddy, my bike is broken. Okay, I'll repair it.

- um auszudrücken, daß ein **Ereignis kurz bevorsteht.** Es gibt schon **Anzeichen** dafür.

> Anne is going to have a baby.

2. Bildung

„am", „are", „is" + „going to" + Verb

Das going to-Future setzt sich zusammen aus dem Präsens von **„be"** *(am, are, is)* und **„going to"** und dem **Infinitiv** (der 1. Form des Verbs).

> \+ I **am** (you are / he is ...) **going to travel** to America.
> ? Are you (is he ...) going to travel?
> – I'm not (you aren't ...) going to travel.

Achtung: Bei den Verben „go" und „come" wird das Present Progressive bevorzugt.

> I'm going shopping tomorrow *statt*
> I'm going to go shopping.

▪ Übung zur Verwendung und Bildung ▪

Es ist Freitag. Die Kinder denken an ihre Pläne fürs Wochenende. Schreibe, was sie am Wochenende vorhaben. Benutze „going to".

1. Frank ______________________________

____

2. Lucy ______________________________

____

3. Peggy and Jenny ______________________________

____

4. Susan ______________________________

____

Übungen

▪ „Will" oder „going to"? ▪

A Setze die richtige Zukunftsform ein.
Denke daran: „going to" steht für feste Absichten oder Pläne; sonst benutze „will".

1. Why are you buying so much food? Because I ______________ (cook) for twelve persons.
2. Mother: "I have forgotten to buy milk."
   You: "I ______________ (do) that for you."
3. The weather ______________ (not be) fine tomorrow.
4. Although my uncle is 64, he ______________ (not stop) working next year.
5. What ______________ your mother ______________ (say) when she sees your haircut?
6. What would you like to eat, Sir? I ______________ (have) soup, please.
7. I'm sure Tom ______________ (get) the job.
8. If you drop that bottle, it ______________ (break).
9. He is very ill; he ______________ (die).
10. The tree makes the house very dark. Very well, I ______________ (cut) it down.
11. My parents ______________ probably wait for me.
12. ______________ you ______________ (buy stamps)? Yes, I am. Then ______________ you buy some for me, please?

▪ Zukunftspläne ▪

Peter hat gerade die Schule beendet. Er schreibt nun seinem Onkel einen Brief über seine Berufspläne. **B**
Setze „going to" oder „will" ein.

Plans for the Future

Dear Uncle William,

Thank you for your congratulations. I would like to tell you something about my plans for the future. I ______________ (become) a doctor. I haven't decided yet where to study, but I think I ______________ (go) to the University of Cologne, because a friend of mine ______________ (study) there, too. After my studies I ______________ (work) at a hospital. I suppose I ______________ (have) to work hard, but I hope I ______________ (learn) enough to become a good doctor. Later my friend and I ______________ (start) a practice. If we can save enough money, we ______________ (open) a private hospital. Maybe my father ______________ (lend) us some money. By the way I ______________ (marry) soon. My future wife ______________ (become) a nurse, so she ______________ (probably work) in our practice. I'm sure I ______________ (see) you before I leave for the university.

Love, Peter.

AUCH DIE ZUKUNFT KANN VERLAUFEN

Das Future Progressive

1. Verwendung

Das Future Progressive betont den zukünftigen Verlauf, ein so gut wie sicher eintretendes Ereignis oder eine höfliche Anfrage.

Du benutzt das Future Progressive,

- um zu betonen, daß eine Handlung zu einer bestimmten Zeit in der Zukunft **ablaufen wird.**

This time tomorrow I will be flying to America.

- um auszudrücken, daß ein zukünftiges Ereignis **so gut wie sicher eintreten wird.**

I'll be going shopping in the afternoon.

- um **höflich** nach den **Plänen** und **Wünschen** anderer zu fragen.

Will you be inviting the Smiths?

Auch hier gilt: Die „Progressive"-Form kannst du nur mit Tätigkeits- oder Vorgangsverben bilden.

2. Bildung

„will be" + „-ing"-Form bei allen Personen!

Kurzformen: „'ll be" und „won't be"

Du bildest das Future Progressive mit **„will ('ll) be"** und der **„-ing"-Form des Vollverbs.**
Das gilt wiederum für **alle** Personen!

+ I will (I'll) be waiting.
– I will not (won't) be waiting.
? Will you be waiting?

▪ Übung zur Verwendung und Bildung ▪

Herr Schmidt ist ein vielbeschäftigter Bankmanager in Frankfurt am Main. Hier ist ein Auszug aus seinem Terminkalender:

Wednesday 7th July		
1.	8 a. m. – 9.30 a. m.	fly to London
2.	10.30 a. m. – 11.30 a. m.	visit the Bank of England
3.	1 p. m.	have lunch at the Hilton
4.	2 p. m. – 4 p. m.	discuss financial problems with English bankers
5.	5 p. m.	have an interview with the BBC
6.	8.30 p. m.	leave for Frankfurt

Schreibe, was Herr Schmidt tun wird.

1. From 8 a.m. – 9.30 a.m. he will be flying to London.

2. Between ______________________________

____

3. ______________________________

____

4. ______________________________

____

5. ______________________________

____

6. ______________________________

____

DIE ZUKUNFT HAT SCHON BEGONNEN

Präsensformen mit zukünftiger Bedeutung

Das Present Progressive als Zukunftsform

Das Present Progressive steht für die nahe Zukunft.

Ähnlich wie das going to-Future benutzt du das **Present Progressive** (nur bei Tätigkeits- und Vorgangsverben), um über bereits **festgelegte Pläne**, **Vereinbarungen** oder **Verabredungen** in der **nahen Zukunft** zu sprechen. Ob das Present Progressive die Gegenwart oder die Zukunft ausdrückt, muß aus dem Zusammenhang oder aus einer Zeitbestimmung der Zukunft hervorgehen **(soon, tomorrow, this week, next Sunday ...).**

I'm painting my room tomorrow *(Zukunft).*
I'm painting my room *(im Augenblick).*

Übungen

▪ Satzbau ▪

A Bilde Sätze im Present Progressive.

1. Bill / fly / to London / this weekend.
   Bill is flying to London this weekend.
2. My sister / get married / in August.
3. Go / your brother / to Paris / tomorrow?
4. Henry / play / tennis / with Anne / this afternoon.
5. He / leave / for Hamburg / next week.
6. We / not watch / TV tonight.
7. My uncle / come / to see us / next Friday.
8. You / not go / on holiday / this summer.
9. We / do / our English homework / in an hour's time.

▪ Wochenendpläne ▪

Bob und Lucy sind Arbeitskollegen und unterhalten sich über das Wochenende. Vervollständige das Gespräch. Benutze das Present Progressive. **B**

Weekend Plans

Bob: "What ______________ you ______________ (do) this weekend, Lucy?"

Lucy: "Well, my brother ______________ (go) camping; but I don't like camping, so I ______________ (spend) the weekend at home. I ______________ (go) shopping on Saturday morning and then I ______________ (clean) the house; in the afternoon I ______________ (prepare) a meal, because some friends of my parents ______________ (visit) us on Saturday evening; they ______________ (stay) overnight and ______________ (leave) on Sunday morning. What ___________ you __________ (plan) to do?"

Bob: "Mike and I ______________ (go) to an open-air concert on Sunday afternoon. Two famous pop groups ______________ (play) there. And you ______________ (come) with us!"

Lucy: "Why me?"

Bob: "Because it is your birthday on Sunday, and this is my birthday present for you."

Das Simple Present als Zukunftsform

Das Simple Present ist die „Fahrplanzukunft“ und steht in Nebensätzen.

Wie im Deutschen verwendest du das **Simple Present:**

- um auszudrücken, daß ein **zukünftiges Ereignis bereits festgelegt** ist. Dies gilt besonders bei Fahr- und Zeitplänen, bei Programmen und Veranstaltungen, fast immer in Verbindung mit einer Zeitbestimmung.

  The match **begins** at 4 o'clock.

- in Nebensätzen, die durch *when, before, while, as soon as, if* und *until* eingeleitet werden. Im Hauptsatz steht meistens „will".

  I'll do my homework, when I **get** home.

Übungen

▪ Zeitbestimmungen ▪

A Sieh dir die Tafeln an, und bilde Fragen und Antworten dazu. Benutze die folgenden Verben:

leave, start, begin, finish, arrive, open, close, end

Beispiel: When does the plane for Dublin leave?
It leaves at 10.40 and arrives in Dublin at 12.15.

1.

SUMMER TERM
Refresher Course
18th March –
28th July

2.

TRADE FAIR
20th–28th
APRIL

3.

Shop
9 a.m. – 6.30 p.m.

4.

Film
8.15 p.m. – 10.30 p.m.

Bindewörter

Bilde aus zwei Sätzen einen, indem du die Konjunktionen (Bindewörter) einsetzt. **B**

1. I'll tell you about my holiday. I'll get back. (when)

   When I get back, I'll tell you about my holiday.

2. Anne will go out. She'll have a bath. (before)

   ____

3. Mary's husband will be at work. She'll visit friends. (while)

   ____

   ____

4. I won't start dinner. Peter will arrive. (until)

   ____

5. Jack's parents will be happy. He'll pass the exam. (if)

   ____

6. Mother won't leave the house. The children will get home. (till)

   ____

   ____

7. Winter will begin. The birds will fly away. (when)

   ____

   ____

8. My friend will phone me. She'll arrive in London. (as soon as)

   ____

   ____

DAS MORGEN GEWINNT KONTUREN

Die Zukunftsformen im Überblick

Du hast nun die fünf verschiedenen Zukunftsformen kennengelernt. Dabei wirst du festgestellt haben, daß es wiederholt mehrere Möglichkeiten gibt, ein und dasselbe Geschehen darzustellen. Vor allem die Formen *going to-Future, Future Progressive* und *Present Progressive* sind in der Verwendung sehr ähnlich und manchmal austauschbar. Welche Zeitform du wählst, hängt davon ab, wie du das künftige Geschehen einschätzt (z. B. als Vorhersage, Absicht, festen Plan).

Die Zukunftsformen auf einen Blick

will-Future *(I'll leave.)*	Vermutung, Vorhersage (oft mit Signalwörtern)	1
	spontaner Entschluß, Versprechen	2
going to-Future *(I'm going to leave.)*	feste Absicht	3
	kurz bevorstehendes Ereignis (Anzeichen deuten darauf hin)	4
Future Progressive *(I'll be leaving.)*	Verlauf einer zukünftigen Handlung	5
	sicher eintretendes Ereignis	6
Present Progressive *(I'm leaving.)*	fest geplantes Ereignis (oft mit Zeitangabe)	7
Simple Present *(The train leaves.)*	Programm / Fahrplan	8
	in Nebensätzen der Zeit und im „if"-Satz (Typ 1)	9

Übungen

Blicke in die Zukunft!

A

Gib an, welche Aussagen in den folgenden Sätzen gemacht werden. Setze die jeweils richtige Zahl (1–9) von der linken Seite in die blauen Kästchen ein.

a. This time next week I'll be lying on the beach.
b. The concert begins at 8 o'clock.
c. The Smiths are having a party next Saturday.
d. You must phone him as soon as you arrive.
e. Look out! The glass is going to fall.
f. There's someone on the phone. Okay, I'll answer it.
g. This summer will be very rainy.
h. Has Tom painted his room yet? No, but he is going to paint it.
i. The plane will be landing in ten minutes.

Landendes Flugzeug im Anflug

A Trip to New York

A Angela fährt mit ihren Eltern in den Ferien nach New York. Sie erzählt ihrer Freundin Barbara von ihren Reiseplänen.
Setze die Verben in die richtige Zukunftsform. (Es sind zum Teil mehrere Lösungen möglich. Schreibe diese in dein Heft.)

Angela: "I __________ (get) pretty excited about our trip."

Barbara: "I'm sure you are. When __________ you __________ (leave)?"

Angela: "Next Friday. The plane __________ (leave) at 1 p.m. from Frankfurt and __________ (arrive) at Kennedy Airport at 3 p.m. local time."

Barbara: "Where __________ you __________ (stay)?"

Angela: "We __________ (stay) at a nice hotel near Central Park. So I __________ (go) for a walk there as soon as we have checked in, unless I __________ (be) too tired."

Barbara: "What __________ you __________ (do) while you __________ (be) in N.Y.?"

Angela: "Sightseeing, of course! On Saturday we __________ (walk) all around Manhattan, because you see most while walking. We __________ (visit) all the famous buildings as the World Trade Center, the United Nations Headquarters and, of course, the Empire State Building. There we __________ (go) to the top floor – that is the 102nd. Let's hope the weather __________ (be) clear then, so that we __________ (be

able) to see far into the country. On Saturday we ______________ (take) a boat trip round Manhattan. If we ______________ (have) time we ______________ (go) over to Liberty Island where the Statue of Liberty ______________ (stand). In the evenings we ______________ (have) dinner in Chinatown or Greenwich Village. We'd also like to visit a show on Broadway; but I'm afraid we ______________ (not get) tickets. My parents ______________ (visit) the famous museums, but I don't think I ______________ (go) with them. I suppose I ______________ (have) a look round Macy's, the biggest department store in the world, instead. Maybe I ______________ (find) something interesting to buy as a souvenir."

Barbara: "I'm sure you ______________ (have) a wonderful holiday."

Angela: "Yes, thanks. I ______________ (send) you a postcard from N.Y. and I ______________ (give) you a ring when we ______________ (get) back to tell you about my adventures."

Die passende Zukunftsform

B Setze in den folgenden Sätzen die Verben in eine passende Zukunftsform. (Es sind manchmal mehrere Lösungen möglich.)

1. I'm sure you *will help* (help) me with this exercise.
2. I ______________ (swim) all day tomorrow.
3. Mary ______________ (come) back next Sunday.

4. If the police ______________ (catch) the thief they ______________ arrest him.
5. Anne ______________ (read) a lot in her holidays.
6. The Town Council ______________ (build) a new school here.

7. I hope it ______________ (not be) too difficult to find a job.
8. Tom and Susan ______________ (get married) next week.
9. Perhaps he ______________ (arrive) in time for lunch.
10. Look at the clouds. It ______________ (rain).
11. Jenny and I ______________ (go) to the cinema at 7.30 p.m.
12. Bye-bye, I ______________ (see) you. Wait a minute, I ______________ (see) you to the door.
13. The sightseeing tour ______________ (start) at 3 o'clock.

Test

Übersetze die folgenden Sätze:

1. Gehst du heute abend zu Susan's Party?

   ______________________________? **2**

2. Wenn du meinen Brief bekommst, bin ich schon in Amerika.

   ____

   ______________________________. **2**

3. Der Himmel ist schwarz. Es gibt gleich ein Gewitter.

   ______________________________. **2**

4. Wer, glaubst du, gewinnt das Spiel?

   ______________________________? **2**

5. Wirst du das alles essen?

   ______________________________? **2**

6. Hältst du bitte meine Pakete, während ich den Schirm öffne?

   ____

   ______________________________? **2**

7. Sie sind bis Mittwoch nicht zurück. – Ich sage es ihm.

   ______________________________. **2**

8. Kann ich dich morgen nachmittag anrufen?

   Nein, dann arbeite ich im Garten.

   ____

   ______________________________. **2**

Bei weniger als 10 Punkten solltest du die Kapitel zum Thema „Future" von Seite 88 an noch einmal durcharbeiten. **16** **Summe**

EINLAUF IN DIE ZIELGERADE

Abschlußtests

1 Du hast jetzt die Anwendung aller Zeiten kennengelernt und kannst dein Wissen in diesen Abschlußtests noch einmal überprüfen.

Wähle die richtige Zeit aus, und kreuze an.

1. He ____________ football when he fell down.

a. was playing b. played c. has played

2. I ____________ of you while you are taking your test.

a. am thinking b. think c. will be thinking

3. The woman was so hungry because she ____________ for six days.

a. didn't eat b. hadn't eaten c. hasn't eaten

4. If the weather is fine ____________ to the seaside.

a. we go b. we'll go c. we went

5. When ____________ you in London?

a. did b. have … been c. were

6. He ____________ to hospital yesterday.

a. went b. has gone c. was

7. I ____________ tennis next Saturday.

a. am going to play b. played c. play

8. Listen, the band ____________ a march now.

a. plays b. is playing c. has played

9. Don't touch anything until the police ____________

a. arrive b. will arrive c. arrived

10. I ______________ her father since 1980.

a. am knowing b. have been knowing c. have known

11. Where ______________ born?

a. are you b. have you been c. were you

12. They sold the house though they ______________ in it for 20 years.

a. have lived b. had lived c. lived

13. Please ring me before you ______________ the house.

a. are leaving b. leave c. will leave

14. It ______________ when we left the house.

a. has rained b. rained c. was raining

15. I ______________ at 8 o'clock this morning.

a. am woken up b. had woken up c. woke up

16. Which is the fastest car you ______________?

a. ever drive b. ever drove c. have ever driven

17. There is much to do. Don't worry, I ______________

a. will help you b. help you c. will you help

18. ______________ classical music?

a. Does Peter like b. Is Peter liking c. Likes Peter

19. Six weeks after Tom ______________ manager his firm collapsed.

a. was becoming b. had become c. became

20. The police arrested the man who ______________ into a shop.

a. broke b. had broken c. has broken

21. The film ______________ at 7.30.

a. is beginning b. is going to begin c. begins

2 Jetzt wird es etwas schwieriger. Bilde Sätze oder Fragen. Benutze dabei die richtige Verbform.

1. eat / fish and chips / ever / you?

   ______________________________?

2. Grandpa / in his armchair / sleep / always / TV / he / watch / when.

   ______________________________.

3. find / the doctor / the driver / injured / be / who / seriously / an hour ago.

   ______________________________.

4. which / English grammar / to be easy / at first / seem / more difficult / later on / be.

   ______________________________.

5. spend / in Spain / your / you / last holidays?

   ______________________________?

6. work / in the garden / our neighbour / look.

   ______________________________.

7. tell / nobody / before tomorrow / us / the truth.

   ______________________________.

8. not know / Betty / last English lesson / Scotland / anything / about / in the.

   ______________________________.

9. lie / in Spain / tomorrow / I / this time / on the beach.

   ______________________________.

10. famous / suddenly / after / for several years / be ignored / the author / by the public / he / become.

    ______________________________.

11. one / last Sunday / burst / of my tyres / I / sharp bend / as / round / drive.

____.

12. have / more / accident / you / slowly / we / drive / an / if / not.

____.

13. Harold / King of England / his / be crowned / authority / in January 1066 / be questioned / when.

____.

14. wake up / Sam / usually / in the morning / at 7?

____?

15. take / just a minute / to the post office / I / rain / letter / again / because / later / it.

____.

Schreibe die richtigen Verbformen in dein Heft, und erfinde das Ende der Geschichte selbst.

James: Oh hello, Mr Stanley and Miss Sandra. … you … (have) a good trip? Sandra: Fine, thank you, James. I see the house … (be painted). … you … (hear) anything about our friend Professor Maddock?
James: Professor Maddock? I … (not hear) of him since he … (leave) three weeks ago. He … (tell) me something about a rocket and a flight to the Moon. Bob Stanley: A flight to the Moon? Crazy. We'll phone him, if we … (know) where he is at the moment. Look, there … (be) a telegram.
OVERSEAS TELEGRAM
am in Cairo – stop – come soon –
need your help – stop – address:
Hilton Palace – stop – Cairo – stop –
Maddock

Four hours later
Sandra: Maddock … (be) in Egypt? What's the crazy fellow doing there? Shall we go?
Bob Stanley: Of course! James, … (take) our suitcases back and … (call) a taxi. We … (leave) now.

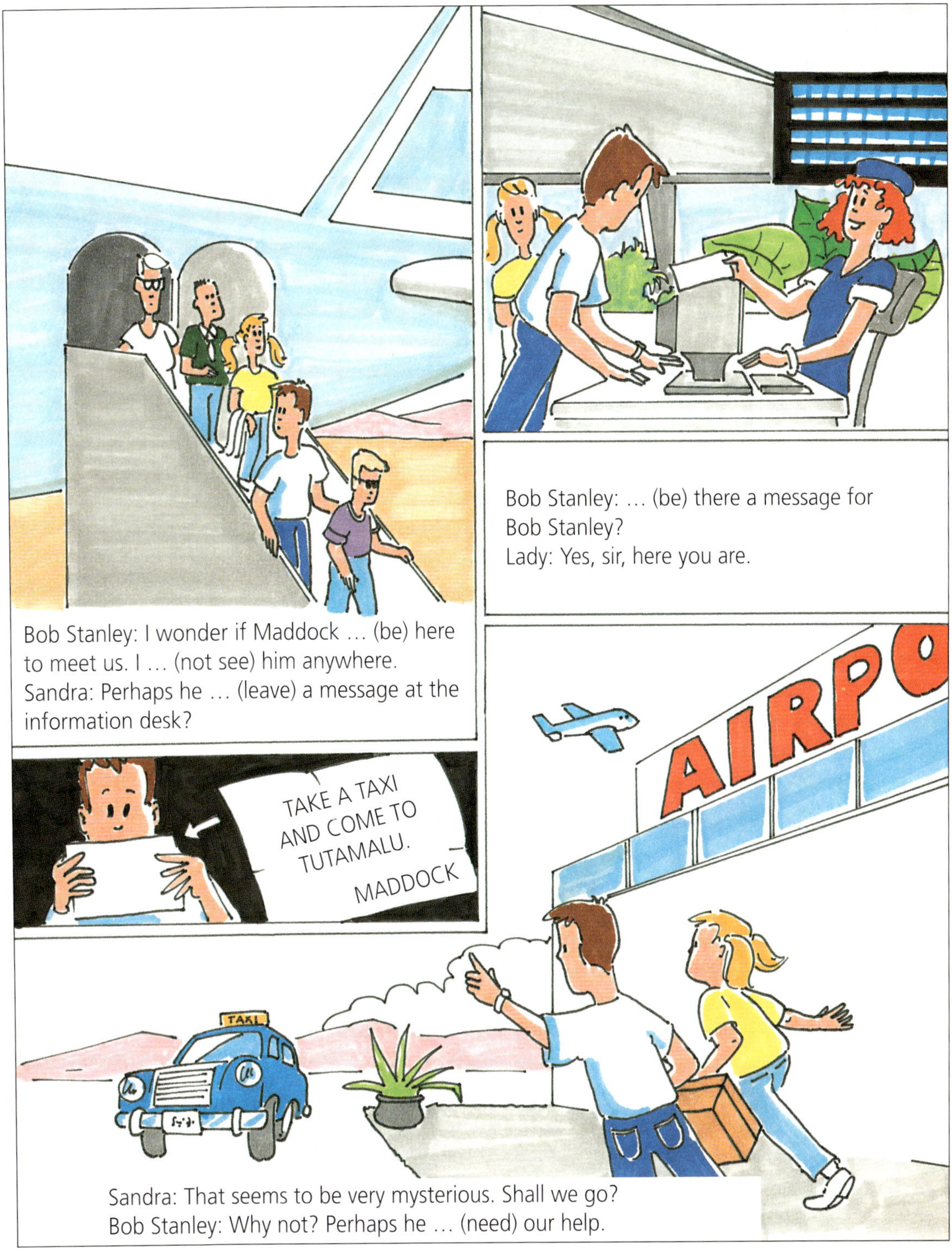
Bob Stanley: I wonder if Maddock … (be) here to meet us. I … (not see) him anywhere.
Sandra: Perhaps he … (leave) a message at the information desk?
Bob Stanley: … (be) there a message for Bob Stanley?
Lady: Yes, sir, here you are.
TAKE A TAXI AND COME TO TUTAMALU.
MADDOCK
AIRPO
TAXI
Sandra: That seems to be very mysterious. Shall we go?
Bob Stanley: Why not? Perhaps he … (need) our help.

Sandra: I … (watch) that car. It … (follow) us since we … (leave) the airport.
Bob Stanley: Don't worry. Look, they … (turn) to the left.
TAXI
TUTAMALU
SAVÍN
Bob Stanley: I think we … (arrive). But what's that? What a big tower.
Sandra: There's Professor Maddock. He … (come) out of that building.
Professor Maddock: Hello, Miss Sandra and Bob Stanley. I … (be) really happy to see you here.
Sandra: Professor, what's going on here? Why … you … (send) us this puzzling telegram?
Professor Maddock: Just a minute. Follow me to the tower and you … (see).

Bob Stanley: What on earth is that?
Professor Maddock: This … (be) a nuclear-powered rocket which is going to take you and me to the Moon.
Sandra: Ha, ha, ha, the Moon. That's a pretty joke. As easy as a pie. I … (not laugh) so much for years.
Professor Maddock: But that's no joke. In half an hour we … (start). Now put on these space suits and let's get in.
Sandra: But why us, Professor?
Professor Maddock: This mission … (be) top secret. And you are my best friends.
Bob Stanley: But what the hell are we to do on the Moon? Please tell us.
Professor Maddock: Every year we … (send) a satellite to the Moon. The same this year. But we … (not hear) from it for three months. It … (be) the most expensive and most important satellite we … (ever build). Now it is lost. It … (land) on the side of the Moon invisible from the Earth, and so it's our task to get into this rocket, to land on the Moon and to find the satellite.

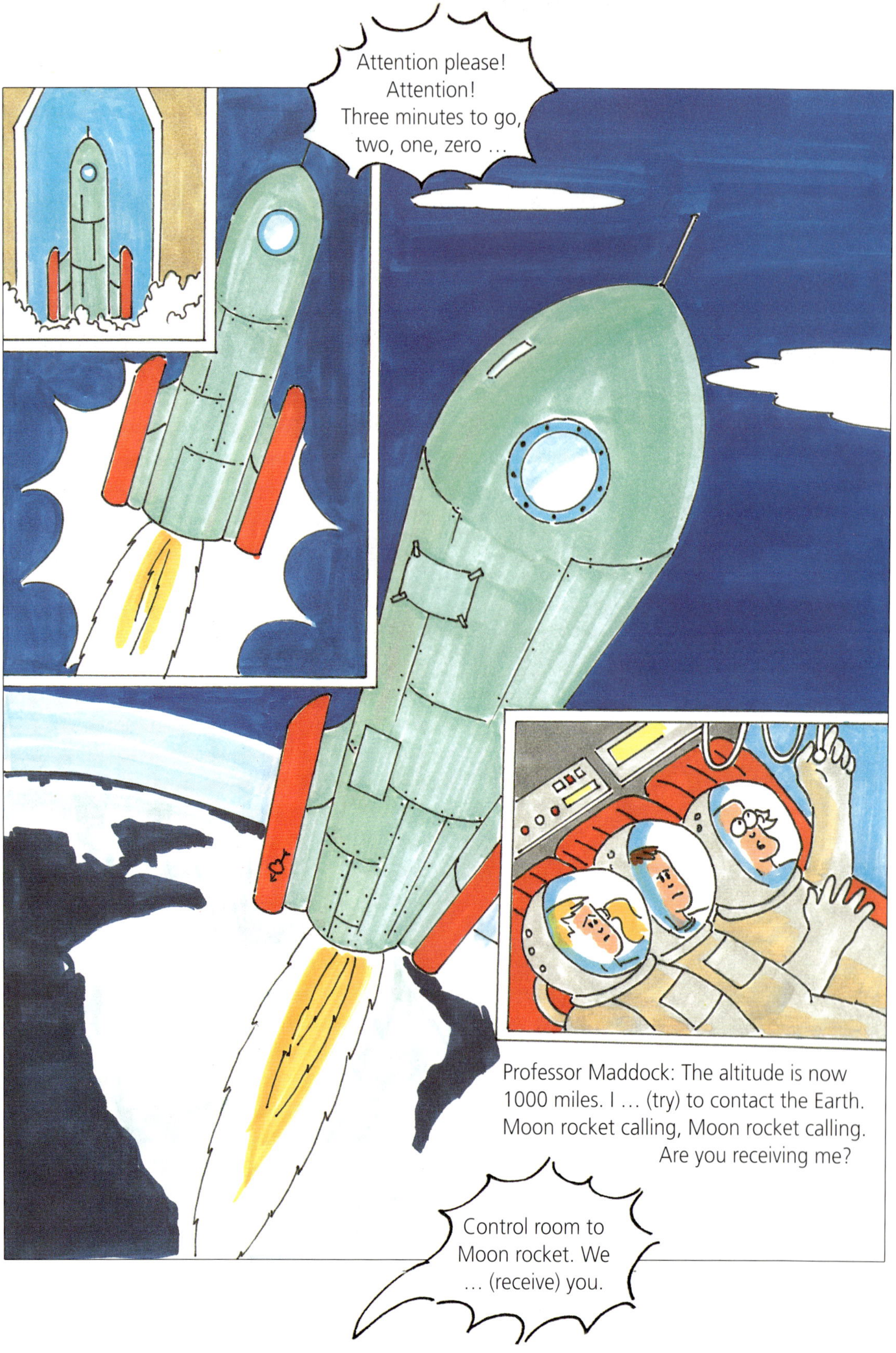
Attention please! Attention! Three minutes to go, two, one, zero …
Professor Maddock: The altitude is now 1000 miles. I … (try) to contact the Earth. Moon rocket calling, Moon rocket calling. Are you receiving me?
Control room to Moon rocket. We … (receive) you.

to be continued

DIE ZEITEN IM ÜBERBLICK

Simple Form

	Simple Present	Simple Past	Present Perfect Simple
I	work	worked	have worked
you	work	worked	have worked
he/she/it	work**s**	worked	**has** worked
we	work	worked	have worked
you	work	worked	have worked
they	work	worked	have worked

Progressive Form

	Present Progressive	Past Progressive	Present Perfect Progressive
I	am working	was working	have been working
you	are working	were working	have been working
he/she/it	is working	was working	has been working
we	are working	were working	have been working
you	are working	were working	have been working
they	are working	were working	have been working

Simple Form

	Past Perfect	will-Future	going to-Future
I	had worked	will work	am going to work
you	had worked	will work	are going to work
he/she/it	had worked	will work	is going to work
we	had worked	will work	are going to work
you	had worked	will work	are going to work
they	had worked	will work	are going to work

Progressive Form

	Future Progressive
I	will be working
you	will be working
he/she/it	will be working
we	will be working
you	will be working
they	will be working

DIE UNREGELMÄSSIGEN VERBEN

Infinitiv	Simple Past (2. Form)	Past Participle (3. Form)	
be	was / were	been	*sein*
beat	beat	beaten	*schlagen*
become	became	become	*werden*
begin	began	begun	*beginnen*
bite	bit	bitten	*beißen*
break	broke	broken	*brechen*
bring	brought	brought	*bringen*
build	built	built	*bauen*
burn	burnt, burned	burnt, burned	*brennen*
buy	bought	bought	*kaufen*
catch	caught	caught	*fangen*
come	came	come	*kommen*
cost	cost	cost	*kosten*
cut	cut	cut	*schneiden*
do	did	done	*tun*
draw	drew	drawn	*zeichnen*
dream	dreamt, dreamed	dreamt, dreamed	*träumen*
drink	drank	drunk	*trinken*
drive	drove	driven	*fahren*
eat	ate	eaten	*essen*
fall	fell	fallen	*fallen*
feed	fed	fed	*füttern*
fight	fought	fought	*kämpfen*
find	found	found	*finden*
fly	flew	flown	*fliegen*
forget	forgot	forgotten	*vergessen*
freeze	froze	frozen	*frieren*
get	got	got	*bekommen*
give	gave	given	*geben*
go	went	gone	*gehen*
grow	grew	grown	*wachsen*
have	had	had	*haben*
hear	heard	heard	*hören*
hide	hid	hidden	*verstecken*
hold	held	held	*halten*
hurt	hurt	hurt	*verletzen*
keep	kept	kept	*behalten*
know	knew	known	*wissen*
lay	laid	laid	*legen*
lead	led	led	*führen*
leave	left	left	*verlassen*
lend	lent	lent	*leihen*
let	let	let	*zulassen*

Infinitiv	Simple Past (2. Form)	Past Participle (3. Form)	
lie	lay	lain	*liegen*
lose	lost	lost	*verlieren*
make	made	made	*machen*
mean	meant	meant	*bedeuten*
meet	met	met	*treffen*
pay	paid	paid	*bezahlen*
put	put	put	*stellen*
read	read	read	*lesen*
ride	rode	ridden	*reiten*
ring	rang	rung	*klingeln*
run	ran	run	*laufen*
say	said	said	*sagen*
see	saw	seen	*sehen*
sell	sold	sold	*verkaufen*
send	sent	sent	*schicken*
set	set	set	*setzen*
shake	shook	shaken	*schütteln*
shine	shone	shone	*scheinen*
shoot	shot	shot	*schießen*
show	showed	shown	*zeigen*
shut	shut	shut	*schließen*
sing	sang	sung	*singen*
sink	sank	sunk	*sinken*
sit	sat	sat	*sitzen*
sleep	slept	slept	*schlafen*
speak	spoke	spoken	*sprechen*
spend	spent	spent	*verbringen*
spread	spread	spread	*ausbreiten*
stand	stood	stood	*stehen*
steal	stole	stolen	*stehlen*
strike	struck	struck	*schlagen*
swim	swam	swum	*schwimmen*
take	took	taken	*nehmen*
teach	taught	taught	*lehren*
tear	tore	torn	*zerreißen*
tell	told	told	*erzählen*
think	thought	thought	*denken / meinen*
throw	threw	thrown	*werfen*
wake up	woke up	woken up	*aufwachen*
wear	wore	worn	*tragen*
win	won	won	*gewinnen*
write	wrote	written	*schreiben*

LÖSUNGEN

Das Simple Present

Seite 11
ÜBUNG: goes/do/eats/get up/try/teaches/reads/play.

Seite 13
ÜBUNG ZUR FRAGEBILDUNG: When does Tom go to school?/Who is the trainer of my football team?/Where does Sandra come from?/Do Paul and Peter often win bicycle races?/Who saves 5 DM every week?/How much does he save?/What do I buy?/Where do I buy a new game for my Game Boy?/When must Christina do her homework?/What must Christina do?/Who washes the car every Saturday?/Does Richard live in a beautiful house?/How old is Tanya?
ÜBUNG ZUR VERNEINUNG: No, my father doesn't work in an office./No, I'm ... years old./No, the Queen doesn't live in Australia./No, Sandra's mother doesn't buy a new car every year./No, I don't like English very much./No, I can't go to school in my summer holidays.

Seite 14
MISTER Z: tries/teach/like/write/have/think/November/plays.
EIN INTERVIEW: What's your job, Mr Brown?/Ich arbeite als Lehrer in York./What do you teach?/Ich unterrichte Englisch und Geschichte./Do the teachers and pupils have lunch at school?/Oh ja, Lehrer und Schüler essen zu Mittag in der Schule, aber ich nicht./What do you do in your free time (spare time)?/Ich lese gern Bücher./Does your wife work, too?/Nein, meine Frau arbeitet nicht./How do you like Germany?/Mir gefällt Deutschland sehr gut.

Seite 16
DER FRAGEBOGEN: Do you like school?/Do you clean your bike every Saturday?/Do you like this book?/Do you read comics?/Have you got a computer?/Do you have a favourite game?/Do you help at home?/Do you go to school by bus?/Does your mother help you with your homework?/Do you wake up late on Saturdays?

Seite 17
DIE BILDERGESCHICHTE: Peter gets up at 7. Mother makes the breakfast. Peter goes to school by bike. In the afternoon he plays with his friends. In the evening he watches TV.
He goes to bed at 9.
EIN BRIEF: So könnte dein Brief aussehen:
Dear Sandra,
My name is Tim Taylor. I live in Düsseldorf.
I want to tell you what I usually do.
I always get up at 7 o'clock in the morning. My mother wakes me up. Then I have a shower at 7.15. During this time mother always prepares the breakfast. I usually have breakfast at 7.30. At 7.45 I have to go to school by bus. School always finishes at 13.00. When I come home I usually have lunch. After lunch I must do my homework. My mother always helps me with my homework. Love, ...

Seite 19
TEST: No, the word Jeans doesn't come from French, it comes from English./No, the word Café doesn't come from Italian, it comes from French./Does the word Computer come from Spanish?/No, the words Souvenir and Saison don't come from Swedish, they come from French./Yes, the word Foul comes from Eng-

lish. / Does the word Paella come from French? It comes from Spanish. / No, the words Theater and Chemie don't come from Irish, they come from Greek.

Das Present Progressive

Seite 21
ÜBUNG: The mouse is reading. / The mouse is singing. / The mouse is playing. / The mouse is sleeping.

Seite 23
ÜBUNG ZUR FRAGEBILDUNG: Tim, what are you doing? I'm playing in the garden. / Peter, what are you doing? I'm watching TV. / Grandpa, what are you doing? I'm reading a book.
ÜBUNG ZUR VERNEINUNG: 1. I'm not playing with my Game Boy at the moment. / 2. We're not playing football now. / 3. Mother isn't cooking lunch today. / 4. Father and Tom aren't washing the car. / 5. Look, Peter isn't doing his homework. / 6. My parents aren't watching TV at the moment. / 7. The cat isn't eating a mouse. / 8. I'm not cleaning my bike. / 9. The girls aren't singing a song. / 10. Sandra isn't drinking a glass of milk.

Seite 24
DIE BUCHSTABENSUCHE: referring / winning / sitting / stirring / forgetting / putting / running / shutting / cancelling / cutting / getting / travelling.
DIE VERBMASCHINE: 2. they are (they're) swimming / 3. you're buying / 4. we're taking / 5. she's learning / 6. you're teaching / 7. they're looking / 8. he's crying / 9. she's lying / 10. it's coming / 11. we're enjoying / 12. he's hurrying.

Seite 25
EINE LANGWEILIGE HAUSAUFGABE? Who hears a noise? / What does Peter suddenly hear? / Where does he see his mother? / Who is carrying big shopping bags? / What is she carrying? / Is she coming from the shopping centre? / What is Peter doing? / What is Peter taking? / Where is he carrying the shopping bags? / When is David watching TV? / What is David doing an hour later? / Who is still doing his homework? / What is Peter still doing?

Seite 26
FRAGEN ÜBER FRAGEN: 2. Are you helping your mother in the kitchen? / 3. Where are you going just now? / 4. What is Peter doing? / 5. Are you dancing with Paul this evening? / 6. What is the cat doing? / 7. Is Tom playing football with his friends? / 8. Why are the children not playing outside?
BILDERGESCHICHTEN: 2. No, the girl isn't playing ball. She is lying in the sun. / 3. No, they aren't lying in the sun. They are swimming in the sea. / 4. Yes, the man is drinking a glass of beer. / 5. Yes, one of the girls is wearing jeans. / 6. No, the girls aren't carrying shopping bags. They are carrying school bags. / 7. No, the girls aren't at home. They are standing in front of the school. / 8. Yes, one of the girls is laughing.

Seite 27
WINNETOU UND OLD SHATTERHAND: Peter is visiting his friend Tom. "Hi, Tom, what are you doing just now?"
"I'm reading an exciting book by Karl May," Tom answers. "Tell me about the book," Peter says. "I'm on page 250 at the moment. Winnetou and Old Shatterhand are riding into the prairie and fighting against Indians."

"That sounds interesting," says Peter. He asks Tom: "Do you want to come with me? I'm going to the library now." "No, I still have 150 pages to read," Tom answers. Therefore Peter goes to the library alone.
DER RICHTIGE EINSATZ: is / are / are / are / is / is / am / are / am / are.

Simple Present und Present Progressive

Seite 30
TOP TEN: 1. b / 2. c oder d / 3. c / 4. a / 5. d / 6. b / 7. b / 8. c oder d / 9. d / 10. b.

Seite 31
EIN PUZZLE: He's taking the book from the shelf right now. / She always listens to the radio after school. / Sally never washes her blouse in the bathroom. / Look, he's washing his car. / They go to church every Saturday. / Wait, Peter is brushing his teeth at the moment. / They are going to school just now. / Father usually goes to work at 8 o'clock. / Paul is overtaking Bill at the moment. / Mother always buys sausages at the butcher's.

Seite 32
FC Liverpool – FC Bayern München:
is / aren't / are standing / shoots / kicks / plays / is playing / sends / loses / is working / is / scores / wins.

Seite 33
TEST: brushes / go / is walking / is cleaning / rains / looks / like / tastes / are arriving / am going / doesn't do / is sleeping / costs.

Zwischentest I

Seite 34
TEST 1: 1. Who **goes** to school … / 2. Peter **never does** his … / 3. right / 4. Mrs Belton's house **is** at the end of the street. / 5. right / 6. Tom and Peter **don't go** swimming. / 7. Last year I **was** in America. / 8. It **seems** … / 9. right / 10. Karl **is not** …

Seite 35
TEST 2:

Simple Present

	+	–
you	take	don't take
he / she / it	goes	doesn't go
we	catch	don't catch
you	learn	don't learn
they	think	don't think

Present Progressive

you	are painting	are not painting
he / she / it	is crying	is not crying
we	are lying	are not lying
you	are tidying	are not tidying
they	are stopping	are not stopping

Das Simple Past

Seite 37
ÜBUNGEN: got / was / wanted / had / wasn't / had / put / hid / took / counted / came / was not / shouted / answered / threw / was.

V	G	B	E	G	A	N	A	F	W	E	N	T	H	C
I	M	K	E	P	T	T	R	E	A	D	B	H	A	D
S	A	T	R	F	E	L	L	D	I	D	O	R	E	R
I	D	H	W	O	R	E	S	E	T	T	K	E	T	A
T	E	O	R	U	A	F	E	L	E	O	S	W	O	N
E	C	U	O	N	N	T	U	V	D	L	G	A	O	K
D	A	G	T	D	R	O	B	B	E	D	O	S	K	S
R	M	H	E	T	A	M	D	E	R	S	T	O	O	D
L	E	T	A	C	R	I	E	D	E	U	W	E	R	E

Seite 39

ÜBUNG ZUR RECHTSCHREIBUNG: phoned / baked / robbed / carried / travelled / cried.
ÜBUNG ZUR FRAGEBILDUNG: When did the robber arrive? / What did he wear? / What did he say to the bank clerk? / Who called the police? / How many people were there in the bank? / How much did the robber get? / Where did he go?

Seite 40

ÜBUNG ZUR VERNEINUNG: No, I didn't go to the cinema last week. / No, I didn't lose my mother's money. / No, I didn't eat a lot of ice-cream. / No, I didn't drink five glasses of beer yesterday. / No, I didn't phone my friend for one hour.

Seite 41

FEHLENDE VERBEN: 1. played / 2. wrote / 3. catch / 4. got / 5. fight / 6. cleaned / 7. were / 8. did / 9. want.
SOMMERFERIEN: So könnten deine Geschichten aussehen:
1. Our last holiday was wonderful. We had a lot of sun and fun. We went by car to a nice camping site. The camping site was at a lake. It was clean and there was a wood nearby. There were a lot of other children on the camping site, too. We played football every day.
I learned to ride and my parents lay on the beach. We had good food every day.
2. Our last holiday was terrible. It rained all day. We went by car to a camping site but it was dirty and noisy. The camping site was far away from a lake and there were no other children. We had bad food. When I learned to ride I fell off the horse and broke my left arm. So I had to stay in hospital during the last days of the holiday.

Seite 42

DREI BRIEFE:

1. Aussagesätze
Dear Peter,
Yesterday Sandra phoned me. She wanted to borrow a book about Robin Hood. She watched a film about Robin Hood on TV yesterday and wanted to know more about him. I thought the book was very interesting and exciting. Love, ...

2. Verneinungen
Dear Sandra,
Yesterday I didn't go to school. I was ill but I didn't lie in bed. I wanted to read a book but there wasn't an interesting and exciting one. My mother and I waited for the doctor. But Doctor Miller didn't come. Love, ...

3. Fragesätze
Dear Petra,
Where did you spend your last summer holidays? Did you go on holiday or did you stay at home? What did you do the whole day? Did you read an exciting book? Did it often rain? Love, ...

Seite 43

TEST: 1. Our grandma visited us last week. / 2. She gave me an interesting book about dinosaurs. / 3. Kate: "Did you go on holiday last year?" / 4. Pat: "No, we didn't go on holiday." / 5. Kate: "What did you do?" / 6. Pat: "We often played with the Game Boy when the weather was bad." / 7. Yesterday evening Richard went to bed later than his brother. / 8. Last Saturday there was an exciting film on TV. / 9. In 1990 Germany won the World Football Championship. / 10. Two hours ago I did the exercises in this book. They weren't easy.

Das Past Progressive

Seite 45

WORTFETZEN: 1. When I came home, my parents were reading the newspaper. / 2. While his mother was doing the housework, Peter had to do his homework. / 3. When the postman came, Sandra's dog was barking. / 4. Sam was getting ready for school at eight in the morning when his mother called him. / 5. Tom's father was writing an article for the newspaper all Saturday evening. / 6. Who was driving when the accident happened?

Simple Past und Past Progressive

Seite 47

DIE FOLGEN EINER PARTY: emptied / carried / was doing / cleaned / were hanging up / rang / were getting / heard / thought / were / opened / was laughing / was standing / was getting / came / wanted / was ringing / carried / baked / cleaned / laid / were / was / were looking / was having / was watching / rang / was / told / wanted / started / decided.

Seite 49

TEST: 1. While Guy Fawkes **was** preparing ... / 2. richtig / 3. In 1990 Germany **won** ... / 4. Betty **wanted** to ... / 5. The two men **were drinking** together when they suddenly **started** an argument. / 6. richtig / 7. When the burglar **saw** the police ... / 8. The teacher **knew** his ...

Das Present Perfect Simple

Seite 51

ÜBUNG 1: eat / drink / visit (x) / go / see / drive / cook (x) / carry (x) / write / stop (x) / send / buy.
ÜBUNG 2: 2. has lost / 3. has washed / 4. have lived / 5. has had / 6. has done / 7. has taken off / 8. has cut.

Seite 53

ÜBUNG 1: 1. My father has never been to Australia. / 2. We haven't had dinner yet. / 3. Anne has just read an interesting story. / 4. Have you ever played cricket? / 5. The pupils haven't seen their teacher this morning. / 6. Has Tom cleaned the car yet? / 7. My mother has already made the beds. / 8. The weather has been fine this week.
ÜBUNG 2: Freddy: "No, I haven't tidied my room yet." Mother: "And what about the lunch?" Freddy: "Yes, I have already cooked lunch." Mother: "Have you cleaned the shoes?" Freddy: "No, I haven't done it yet." Mother: "Have you finished your homework?" Freddy: "No, I haven't finished my homework yet." Mother: "And what about the dog?" Freddy: "I have already taken it out."

Seite 54

ÜBUNG: 1. since / 2. for / 3. for / 4. since / 5. since / 6. for / 7. for / 8. since / 9. since / 10. for / 11. for / 12. since.

Seite 55

DEIN TAGEBUCH:
So könnte dein Tagebucheintrag lauten:
It has been a busy day. I have already done my homework and I have been shopping in the supermarket. I have also fed my budgie and I have bought stamps at the office; but I haven't cleaned my father's car yet and I haven't tidied

my room. I'll have to do that tomorrow because I'm tired now.
STECKVERBINDUNGEN: 2 – c / 3 – e / 4 – a / 5 – d / 6 – f.

Seite 56
EIN RÄTSEL:

1. seen	8. ridden
2. spent	9. rang
3. took	10. win
4. break	11. given
5. eaten	12. lose
6. sang	13. done
7. spoken	14. driven

Seite 57
EINE ANSICHTSKARTE: for / since / for / since / for / for / since / for.

Seite 58
VISITING LONDON: have been / for / since / have you ever been / have you done / I have already visited / I have taken / have you seen / I haven't had / I haven't heard / I have already climbed / I have walked / I have looked / I have already listened / I have never heard / have you ever travelled / I have also been / have you ever met / we have often seen.

Seite 60
EIN ZEITUNGSARTIKEL: has just happened / have already been / have written / have asked / haven't answered / have done / has come.

Seite 61
TEST: 1. My brother has just left the house. / 2. Have you phoned Anne yet? / 3. How long have you known your friend? I have known him since kindergarten. / 4. Tom has not been to a rock concert yet. / 5. We have had our car for five years now. / 6. Mr Miller has already written six letters. / 7. My grandfather has never travelled to England. / 8. The weather has been fine all week. / 9. Why is your father so tired? He has worked all day. / 10. You have just done the test. Now you can play.

Das Present Perfect Progressive

Seite 63
ÜBUNG: Sue has been listening to music for two hours. / Philip has been reading comics for 15 minutes. / Peter has been swimming since 11.40. / Mike has been eating for 35 minutes. / Jenny has been writing a letter since 12.30. / Billy and Linda have been cleaning the window for 20 minutes.

Present Perfect Simple und Progressive

Seite 65
RICHTIG UND FALSCH: 1. has found / 2. has been working / 3. have broken / 4. have you had / 5. have visited / 6. have been travelling / 7. has cut / 8. have you heard / 9. has she spent / 10. have you been reading / 11. has been playing / has never won / 12. has given up.

Seite 66
INTERVIEW MIT EINEM POPSTAR: have been working / have already produced / have won / have been writing / have been drinking / have smoked / haven't seen / have been living / have just come / have travelled / have been enjoying / have been waiting.

Seite 67

TEST: 1. My brother has been studying languages at the university for two years. / 2. My mother has been cleaning the windows since 10 o'clock. / 3. The tennis star has been playing tennis since he was ten. He has already won Wimbledon four times. / 4. How long have your parents been married? / 5. Billy has been working in London for six years, but he has already changed his job three times. / 6. Why are your hands so dirty? I have just been repairing my car. / 7. It has been snowing for days and it has already snowed 50 cm. / 8. My friend has been looking for his book since 5 o'clock but he hasn't found it yet.

Past Tense und Present Perfect

Seite 69

DER „LÜCKENFÜLLER"-TEST: 1. has been playing / 2. wrote / 3. have you ever broken / 4. has Anne been watching / 5. did Columbus discover / 6. bought / 7. have you seen / 8. has never been / 9. have you had / 10. had.

Seite 70

PAST TENSE ODER PRESENT PERFECT? has just celebrated / was / was / moved / has been living / was working / met / married / died / has never married / had / hasn't been / has never smoked / has been riding / was / has read / hasn't missed / has had.

Seite 71

TEST: 1. When did the train arrive? It has just arrived. / 2. Have you ever been to Italy? Yes, we spent our last holidays there. / 3. My cousin moved to Australia a year ago and he hasn't seen a kangaroo yet. / 4. Were you watching TV when I phoned you yesterday? / 5. Has the postman been here yet? Yes, he was here five minutes ago. / 6. Lizzy has been in hospital for five days now. She broke her leg last week. / 7. When did you last meet Alex? I haven't seen him for a week. / 8. Two months ago my father bought a car and has already driven 2000 km. / 9. Yesterday evening there was a thunderstorm and it has been raining ever since. / 10. Have you done your homework yet? Yes, I did it an hour ago.

Zwischentest II

Seite 72

TEST 1: 1. am thinking / do you think / 2. do you hear / is coming / 3. have / 4. is waiting / 5. does / 6. is raining / don't have (haven't got).

Seite 73

TEST 2: 1. was hunting / hit / 2. woke up / were reading / 3. washed / painted / cut / bought / 4. seemed / had / 5. discovered / were / 6. rang / was watching TV / 7. was / were fighting / 8. was reading / came in.

Seite 74

TEST 3: 1. had / has been shining / 2. haven't seen / told / 3. Have you seen / haven't / 4. have you had / 5. visited / 6. Have you heard / 7. was elected / 8. has stolen.

Seite 75

TEST 4: have you been doing / moved / haven't finished / was painting / came in / told / had to / has been raining / haven't been able to / was sleeping / was / woke up / wasn't able to / was.

Das Past Perfect

Seite 77

EIN TAG MIT DEN MILLERS: After Mrs Miller had done the dishes, she went shopping./ After Mr Miller had repaired his bike, he went by bike to town./After Mrs Miller had taken a photo, she went in./After Mr and Mrs Miller had played cards, they watched TV./After Mr Miller had gone to bed, he dreamt about his beautiful wife.

Seite 79

PARIS: 2. After they had taken a taxi to their hotel, they enjoyed the view from the Eiffel Tower./3. After they had enjoyed the view from the Eiffel Tower, they made a sightseeing tour to Versailles./4. After they had made a sightseeing tour to Versailles, they went on a boat trip on the Seine./5. After they had gone on a boat trip on the Seine, they visited the Louvre./6. After they had visited the Louvre, they took pictures of Paris./7. After they had taken pictures of Paris, they returned to their hotel.

Seite 80

DIE QUAL DER WAHL: 1. came out/had expected/2. stayed/arrived/3. found/had lost/4. was/had not expected/5. didn't understand/had got/6. hadn't locked/left/ 7. seemed/had been shown/8. had returned/ washed/9. did … break out?

Seite 81

EIN RÄTSEL: 1. had **b**ought/2. had spr**e**ad/ 3. had expl**a**ined/4. had b**u**rnt/5. had bi**t**ten/6. had r**i**dden/7. had **f**ought/8. had s**u**nk/9. had **l**ost.

Lösungswort: beautiful

Seite 82

EIN FEHLERTEXT: 1. Yesterday when Mr Smith arrived home, his wife had already done the shopping./2. The door bell rang while Mr Miller was having a shower./3. When Bob came to the bus stop, the bus had already left./ 4. richtig/5. After Tom had arrived home, he watched TV./6. I looked at our house which we had sold ten years earlier.

Seite 83

TEST:

Past Tense – Present Perfect – Past Perfect

Seite 84
PAST TENSE, PRESENT PERFECT ODER PAST PERFECT? 1. met / was dancing / 2. has not shone / 3. started / had fastened / 4. has been sleeping / 5. have you already been waiting / 6. had died / became / 7. became / had been executed / 8. have you already seen / 9. were / decided.

Seite 85
BESUCH VOM MARS: was / were sitting / were waiting / were looking forward to / didn't start / heard / were beginning / broke / has just noticed / has landed / have already been killed / have come / was continued / ordered / was told / thought / had come true / were running / were crying / were shouting / were searching / had been / became / hasn't been forgotten.

Seite 86
FINDE DEN TÄTER! were standing / had called / arrived / wanted / entered / saw / were sitting / talking / said / has happened / came / started / saw / thought / hadn't locked / left / went / saw / had called / waited / have been stolen / were invited / hadn't said / asked / told / replied / were / danced / was talking / came / had entered / saw / phoned / did you wear / were / had / stole.

Der Täter ist natürlich Peter Higgins. Er trägt als einziger Turnschuhe und hat die Party verlassen, um den Schmuck und die Juwelen zu stehlen. Als er nach dem Diebstahl auf die Party zurückging, vergaß er, die Schuhe zu wechseln.

Das will-Future

Seite 89
ÜBUNG: 2. you won't lose / 3. you won't get / 4. you'll be / 5. you'll meet / 6. your team will win / 7. it won't rain.

Seite 90
SCHEINBARE PAARE: 1 – b / 2 – a / 3 – b / 4 – a / 5 – b / 6 – b / 7 – a / 8 – b.
BLICK IN DIE ZUKUNFT: 1. will, will, won't, will / 2. Will people work harder? / won't, will, won't, will / 3. Will people have more free time? / will, will, will, won't, will / 4. Will people be happier? / will, will, will, won't, will, won't.

Das going to-Future

Seite 93
ÜBUNG: 1. Frank is going to play football. / 2. Lucy is going to read. / 3. Peggy and Jenny are going camping. / 4. Susan is going to ride a horse.

Seite 94
„WILL" ODER „GOING TO"? 1. I'm going to / 2. I'll do / 3. won't be / 4. he isn't going to / 5. will … say / 6. I'll have / 7. Tom will get / 8. it'll break / 9. he is going to / 10. I'll cut / 11. will / 12. are you going to buy / will you buy.

Seite 95
ZUKUNFTSPLÄNE: I'm going to become / I'll go / is going to study / I'm going to work / I'll have to work / I'll learn / are going to start / we'll open / will lend / I'm going to marry / is going to become / will probably work / I'll see.

Das Future Progressive

Seite 97
ÜBUNG: 2. Between 10.30 a.m. – 11.30 a.m. he'll be visiting/3. At 1 p.m. he'll be having lunch/4. From 2 p.m. – 4 p.m. he'll be discussing/5. At 5 p.m. he'll be having/ 6. At 8.30 p.m. he'll be leaving.

Präsensformen mit zukünftiger Bedeutung

Seite 98
SATZBAU: 2. My sister is getting married in August./3. Is your brother going to Paris tomorrow?/4. Henry is playing tennis with Anne this afternoon./5. He's leaving for Hamburg next week./6. We are not watching TV tonight./7. My uncle is coming to see us next Friday./8. You are not going on holiday this summer./9. We are doing our English homework in an hour's time.

Seite 99
WOCHENENDPLÄNE: are you doing/is going/ I'm spending/I'm going/I'm cleaning/I'm preparing/are visiting/are staying/are leaving/ are you planning/are going/are playing/are coming.

Seite 100
ZEITBESTIMMUNGEN: 1. When does the summer term start (begin)? It starts (begins) on 18th March and ends (finishes) on 28th July./ 2. When does the trade fair begin (start)? It begins (starts) on 20th April and finishes (ends) on 28th April./3. When does the shop open? It opens at 9 a.m. and closes at 6.30 p.m./ 4. When does the film begin (start)? It begins (starts) at 8.15 p.m. and ends (finishes) at 10.30 p.m.

Seite 101
BINDEWÖRTER: 2. Anne will have a bath before she goes out./3. Mary will visit friends while her husband is at work./4. I won't start dinner until Peter arrives./5. Jack's parents will be happy if he passes the exam./ 6. Mother won't leave the house till the children get home./7. When winter begins the birds will fly away./8. My friend will phone me as soon as she arrives in London.

Die Zukunftsformen im Überblick

Seite 103
BLICKE IN DIE ZUKUNFT! a – 5/b – 8/c – 7/ d – 9/e – 4/f – 2/g – 1/h – 3/i – 6.

Seite 104
A TRIP TO NEW YORK: **A.:** I'm getting/**B.:** are you leaving – are you going to leave – will you be leaving/**A.:** leaves/arrives/**B.:** are you staying – are you going to – will you stay/**A.:** will be staying – will stay/I'll go/I am/**B.:** are you going to do – will you be doing/you are/**A.:** we are going to/are going to visit – are visiting/ are going/will be/will be able/we are taking – going to take/have/we'll go/stands/will be having – will have – are going to have/we won't get/are going to visit/I will go/I'll have/ I'll find/**B.:** you'll have/**A.:** I'll send/I'll give/ get.

Seite 106
DIE PASSENDE ZUKUNFTSFORM: 2. will be swimming/3. is coming/4. catch/will/ 5. is going to/6. is going to – will build – will be building/7. won't/8. are getting – are going to get/9. will/10. is going to/11. are going/ 12. will be seeing/I'll see/13. starts.

Seite 107
TEST: 1. Are you going to Susan's party tonight?/2. When you get my letter I'll already be in America./3. The sky is black. There is going to be a thunderstorm./4. Who do you think will win the match?/5. Are you going to eat that all?/6. Will you hold my parcels, please, while I open the umbrella?/7. They won't be back until Wednesday. – I'll tell him./ 8. Can I call you tomorrow afternoon? No, I will be working in the garden then.

Abschlußtests

Seite 108
TEST 1: 1a/2c/3b/4b/5c/6a/7a/8b/9a/ 10c/11c/12b/13b/14c/15c/16c/17a/18a/ 19b/20b/21c.

Seite 110
TEST 2: 1. Have you ever eaten fish and chips?/ 2. Grandpa always sleeps in his armchair when he watches TV./3. The doctor found the driver who had been seriously injured an hour ago./ 4. English grammar, which seems to be easy at first, will be more difficult later on./ 5. Did you spend your last holidays in Spain?/ 6. Look, our neighbour is working in the garden./7. Nobody will tell us the truth before tomorrow./8. Betty didn't know anything about Scotland in the last English lesson./ 9. This time tomorrow I will be lying on the beach in Spain./10. The author suddenly became famous after he had been ignored by the public for several years./11. As I was driving round a sharp bend last Sunday one of my tyres burst./12. If you don't drive more slowly we'll have an accident./13. When Harold was crowned King of England in January 1066 his authority was questioned./14. Does Sam usually wake up at 7 in the morning?/15. Just a minute! Because it is raining again I'll take the letter to the post office later.

Seite 112
FLIGHT TO THE MOON:

Bild 2: did you have/has been painted/have you heard.
Bild 3: haven't heard/left/told/know/is.

Seite 114
Bild 5: is/take/call/are leaving.
Bild 7: is/don't see/has left.
Bild 8: is.
Bild 10: needs.

Seite 116
Bild 11: am watching/has been following/left.
Bild 12: are turning.
Bild 14: have arrived/is coming.
Bild 15: am/did you send/will see.
Bild 16: is/haven't laughed/are starting.
Bild 17: send/haven't heard/was/have ever built/landed.
Bild 18: is.

Seite 118
Bild 22: will try/are receiving.
Bild 23: have never seen/will be landing.
Bild 25: don't see/will go.

In der Reihe FALKEN Schülerhilfe sind zahlreiche Titel erschienen.
Bitte fragen Sie in Ihrer Buchhandlung.

ISBN 3 8068 1574 7

Umschlaggestaltung: Peter Udo Pinzer
Gestaltung: Horst Bachmann
Redaktion: Dr. Werner Brand
Herstellung: Harald Kraft
Titelgrafiken: Jovica Savin, Frankfurt am Main
Fotos: adidas, Herzogenaurach: 32/33; **Bongarts**, Hamburg: 32 (Beate Müller), 43, 49; **dpa**, Frankfurt am Main: 5 M.l., 14 (Gutberlet), 15 o. (Camera Press), 15 u. (Scholz); **G. Kelbert**, Idstein: 48, 82, 86; **Lufthansa-Bildarchiv**, Frankfurt am Main: 5 u.r., 97; **Ulrich Niehoff**, Bienenbüttel: 6, 25, 47 u., 66; **Silvestris Fotoservice**, Kastl/Obb.: 56, 57, 60; 4 o., 58 o.l. (Beck); 58 M.r., u.l. (Robert Harding); 59, 108 (Ladislav Janicek); 103 (Kuchelbauer Josef); 79, 105 (The Telegraph Colour Library); 104/105 (Maximilian Weinzierl); **FALKEN Archiv**: 47 o., 91; Danilo Lex: 89 o.r., M.u.l.; Nadolny: 89 o.l., M.r.; Pinzer: 42, 95; Rodenstock/Pinzer: 69 u.; Pool Ges./Hogen u. Zöltsch: 89 u.r.; Röltsch: 89 M.o.l., u.l.; TLC: 29; M. Zorn: 27
Zeichnungen: Jovica Savin, Frankfurt am Main; außer: **Anke Lintz**, Ingelheim am Rhein: 53; **Daniela Schneider**, Frankfurt am Main: 18 o.; **Atelier Schneider & Hinz**, Hannover: 69 o.

Satz: Raasch & Partner GmbH, Neu-Isenburg
Druck: Ludwig Auer GmbH, Donauwörth

817 2635 4453